Karin Iden

Kartoffeln machen schlank

- 2 bis 3 kg pro Woche abnehmen
- über 100 leckere Rezepte

www.knaur.de

Inhaltsverzeichnis

Lust statt Frust –
abnehmen mit Genuss

Diät heißt nicht, Pfunde verlieren um jeden Preis, hungern und danach aus lauter Verzweiflung wieder kräftig zulegen. Bei Übergewicht nach der Art FdH zu essen, ist nicht zweckmäßig. Radikal-Diäten sollten Sie auf jeden Fall vermeiden, sie schaden nicht nur der Figur, sondern auch der Seele. Das Ergebnis können Mangelerscheinungen und Depressionen sein. Die verlorenen Pfunde sind sehr bald wieder da – schneller als Ihnen lieb ist – und meistens gleich noch ein paar zusätzliche obendrauf.

Um diesem bekannten Jo-Jo-Effekt nicht zu erliegen, sollten Sie daher langsam und gesund schlank werden. Um dies zu erreichen, nehmen Sie ausgewogene Mahlzeiten mit einer kalorienreduzierten, vielseitigen Mischkost zu sich – das heißt von jedem etwas. Hilfreich ist es, die Bequemlichkeit zu überwinden: Mehr Bewegung, mehr sportliche Aktivität bringen den Stoffwechsel in Schwung und helfen, Fett zu verbrennen. Doch bitte ohne Stress, denn der weckt innere Widerstände und dann geht bald nichts mehr.

Eine gute zuverlässige Diät soll Freude machen und auf Dauer die Essgewohnheiten verändern. Dann lässt der Erfolg nicht lange auf sich warten: straffes Gewebe, gesundes Haar, glatte Haut, kräftige Nägel – und das neue Gesundheitsbewusstsein steigert auch das Selbstwertgefühl.

Das ist Ihr Ziel

Sie wollen abnehmen? Bevor Sie eine Diät beginnen, sollten Sie zunächst klären, wie viel Sie wiegen, und ob Sie wirklich abnehmcn sollten. Eventuell sollten Sie mit Ihrem Hausarzt sprechen. Model-Maße sind nicht gefragt. Bevor Sie die Kartoffel-Diät beginnen, prüfen Sie, ob Sie Über-, Unter- oder Normalgewicht haben. Um das herauszufinden, gibt es zwei Methoden: die Broca-Formel und den Body-Mass-Index.

Die Broca-Formel

Nach der Broca-Formel ist die Berechnung besonders einfach. Von der Körpergröße in Zentimetern wird die Zahl 100 abgezogen.

Um zum Idealgewicht zu kommen, zieht man bei Frauen von dieser Zahl noch einmal 15 und bei Männern 10 Prozent ab. Somit beträgt das Idealgewicht für eine 170 Zentimeter große Frau 59,5 Kilogramm, für einen Mann bei gleicher Größe 63 Kilogramm. Liegen Sie 20 bis 30 Prozent über dem Normalgewicht, sind Sie übergewichtig, bei 15 bis 20 Prozent darunter sind Sie zu dünn.

Das Wohlfühlgewicht ist erstrebenswert. Dabei werden die Grenzen nicht so eng gesehen. Zur Ermittlung nimmt man das Normalgewicht, allerdings mit einer Schwankungsbreite von 10 Prozent nach unten und oben. Bei 170 Zentimeter Körpergröße liegt das individuelle Wohlfühlgewicht also zwischen 63 und 77 Kilogramm.

Der Body-Mass-Index

Beim Body-Mass-Index (BMI) dividieren Sie das Körpergewicht (in Kilogramm) durch die Körpergröße (in Metern); das Ergebnis teilen Sie dann erneut durch die Körpergröße. Daraus ergibt sich der individuelle Body-Mass-Index.

Beispiel:
Sie sind 170 Zentimeter groß, minus 100 ist gleich 70. Ihr Broca-Gewicht beträgt also 70 Kilogramm.

Der Kneiftest
Drücken Sie die obere Hautfalte an Taille, Bauch und Oberschenkel zwischen Daumen und Zeigefinger zusammen. Wer eine mehr als 2,5 cm dicke Speckschicht zwischen den Fingern hält, ist übergewichtig.

Eine Beispiel für ein Gewicht von 63 Kilogramm und eine Größe von 1,72 Meter:
63 geteilt durch 1,72 ergibt 36,62.
36,62 nochmals geteilt durch 1,72 ergibt einen BMI von 21,29.

Liegt der BMI zwischen 18 und 25, sind Sie normalgewichtig. Es spielt allerdings auch das Lebensalter eine Rolle. Bei jüngeren Menschen sollte sich der BMI eher im unteren Bereich bis 22 be-

wegen. Werte zwischen 25 und 30 zeigen ein leichtes Übergewicht an, ab 30 schweres Übergewicht. Bei einem Zuviel von 2 bis
3 Kilogramm über dem Normalgewicht, ist vom medizinischen
Standpunkt aus noch alles in Ordnung. Wer sich nicht wohl fühlt,
kann das Gewicht ganz schnell mit einem Kartoffel-Diättag reduzieren.

Energie aus der Nahrung

Die Energie zum Leben bekommen wir aus unserer täglichen
Nahrung: Eiweiß, Fett und Kohlenhydrate werden im Organismus
verbrannt. Dabei entsteht Wärme, die in Kalorien (kcal), bzw. Jou-
le (kJ) gemessen wird. 1 Kilokalorie entspricht 4,2 Kilojoule.

Eiweiß

Der Körper wird durch Eiweiß (Protein) mit lebenswichtigen Ami-
nosäuren versorgt. Sie sind für den Aufbau der Zellen und viele
andere Körperfunktionen wichtig. Bei der Verbrennung im Stoffwechsel verbraucht Eiweiß mehr Kalorien, als es liefert. In ei-
weißreichen Speisen wie Fisch, Fleisch und Wurst ist leider oft
ein beachtlicher Fettanteil enthalten. Deshalb sollten Sie möglichst auf fettarme Produkte zurückgreifen.

**Wie viel Energie ist
enthalten?**
1 g Eiweiß und 1 g Kohlenhydrate liefern jeweils 4 kcal;
1 g Fett mehr als das Doppelte,
nämlich 9 kcal.

Fett

Das ist der Nährstoff, der dem Körper die meiste Energie liefert
und sich, in größeren Mengen genossen, im Körper als Fettpölsterchen festsetzt. Es werden gesättigte Fettsäuren (in allen tieri-
schen Nahrungsmitteln) und ungesättigte Fettsäuren (in allen
pflanzlichen Nahrungsmitteln und Ölen) unterschieden. Empfehlenswert: Geben Sie täglich 10 Gramm Fett mit ungesättigten
Fettsäuren in Form von kaltgepressten Ölen an Salat oder Roh-
kost. Tierische Fette weitgehend einschränken.

Ratsam: Weniger Fett
Der tägliche Fettverbrauch liegt (lt. Ernährungsbericht 2000) zur Zeit bei den Deutschen bei 100 Gramm. Das ist zu viel! Mehr als 70 bis 80 Gramm dürfen es nicht sein. Aber wie reduzieren? Empfehlung: Bei fetten Wurstsorten die Ränder abschneiden, bei Fleisch fettarme Stücke aussuchen. Für belegte Brote Halbfettprodukte (z. B. von Du darfst) verwenden.

Kohlenhydrate

Die wichtigsten Energiequellen für Muskeln, Nerven und Gehirnzellen sind die Kohlenhydrate. Sie sind in allen zucker- und stärkehaltigen Nahrungsmitteln enthalten. Kohlenhydrate aus Zucker, Konfitüre, Honig, Süßigkeiten, Kuchen, weißem Mehl und zuckerhaltigen Getränken (Limonaden) werden besonders schnell in Energie umgewandelt. Ein Zuviel dieser Lebensmittel wird ebenfalls in Fettpölsterchen verwandelt. Unsere Empfehlung: Verzehren Sie mit Vorrang Kohlenhydrate in Form von Vollkornprodukten, Kartoffeln, Nudeln, Reis und Gemüse. Diese verweilen länger im Körper, d. h. sie werden langsamer abgebaut. Sie enthalten zusätzlich Vitamine, Mineralstoffe und Ballaststoffe.

Was wir außer Energie noch brauchen
Vitamine und Mineralstoffe

Diese Nährstoffe sind vor allem Wirkstoffe. Sie liefern keine Energie, sind aber lebensnotwendig, da sie maßgeblich am Ablauf der Körperfunktionen und am Aufbau von Zellen und Geweben beteiligt sind. Vitamine und Mineralstoffe schützen vor Infektionen, sind Schönheitsmittel für Haut, Haare und Nägel und helfen beim Abbau von Fetten. Sie sind in Obst, Gemüse und Getreideprodukten enthalten. Sie müssen in ausreichenden Mengen zugeführt werden. Ein Mangel führt zu gesundheitlichen Störungen.

Ballaststoffe

Sie sind Bestandteile pflanzlicher Nahrungsmittel und führen dem Organismus keine Kalorien zu. Sie sind in Vollkorn-Getreideprodukten, in Obst und Gemüse enthalten. Ballaststoffe werden im menschlichen Verdauungstrakt nicht abgebaut. Sie bewirken ein länger anhaltendes Sättigungsgefühl und sorgen dafür, dass der Darm bei seiner wichtigen Arbeit unterstützt wird.

Flüssigkeit

Der menschliche Körper besteht zu zwei Dritteln aus Wasser. Nährstoffe und Sauerstoff brauchen Flüssigkeit als Transportmittel. Deshalb ist es auch bei einer Diät besonders wichtig, reichlich Flüssigkeit aufzunehmen. Allerdings sollten die Getränke keine Kalorien zuführen. Mineralwasser, möglichst natriumarm und magnesiumreich, sowie Früchte- und Kräuterteesorten (ungezuckert) sind empfehlenswert. Außerdem: salzfreie Fleisch- und Gemüsebrühen, in Maßen Kaffee ohne Milch und Zucker. Außerdem: Kur-Molke, Natursäfte und kalorienarme Erfrischungsgetränke.

Kultivieren Sie den Genuss

Eine erwachsene Frau (36–65 Jahre) mit vorwiegend sitzender Beschäftigung verbraucht täglich nicht mehr als 1800 bis 2300 Kalorien, ein Mann gleichen Alters 2300 bis 2800 Kalorien.
Wer pro Tag weniger zu sich nimmt, wird ganz bestimmt abnehmen. Kultivieren Sie daher Ihren Genuss: Essen Sie weniger, dafür aber langsamer und kauen Sie gründlicher. Die Nahrung kommt auf diese Weise aufgeschlossen im Magen an und Sie sind schneller satt.
Wichtig dabei: Essen Sie nur, was Sie auch mögen, lassen Sie auf keinen Fall Mahlzeiten aus, freuen Sie sich auf die nächste Mahlzeit und decken Sie auch für sich allein liebevoll den Tisch.

Dauerhaft Figur bewahren

Sicher wollen Sie auch nach der Diät eine gute Figur machen. Dafür müssen Sie Ihre Ernährungsweise auf Dauer umstellen. Folgende Grundsätze sollten Sie beachten: Essen Sie mehr Getreideprodukte, Gemüse, Obst, Salate, fettarme Milchprodukte und Fisch, aber weniger Fleisch und Wurst, tierische Fette und Eier. Reduzieren Sie Zucker, Süßigkeiten, Alkohol, Salz.

Ideal: 5-mal Gemüse und Obst am Tag

Eine Empfehlung der Deutschen Gesellschaft für Ernährung (DGE) rät: Genießen Sie täglich 5 Portionen Gemüse und Obst (einen Teil davon roh). Eine Portion Gemüse dürfen Sie durch 1 Glas Gemüsesaft und eine Portion Obst durch 1 Glas Fruchtsaft ersetzen.
Bringen Sie je nach Saison verschiedene Gemüse- und Obstsorten sowie Salate auf den Tisch: täglich 3 Portionen (400 g) Gemüse und zwei Portionen Obst (etwa 250 bis 300 g). Bereiten Sie neben Salaten auch Gemüse roh zu. Essen Sie als warme Mahlzeit eine große Portion Gemüse und nur ein kleines Stück Fleisch.
Eine ideale Ergänzung zu Brotmahlzeiten sind Tomaten, Paprikaschoten, Salatgurken, Radieschen. Zum Nachtisch oder zwischendurch frisches Obst oder ein Obstsalat.

Wichtig: Begleiten Sie Ihre Diät mit Bewegung! Sport muss nicht Mord sein – tun Sie, was Ihnen Spaß macht, nicht im Übermaß, aber regelmäßig. Wandern, Spazierengehen, Schwimmen, Radfahren, Gymnastik sind verträgliche Sportarten. Je öfter Sie sich bewegen, um so mehr Kalorien werden verbrannt.

Die Kartoffel – ohne sie geht nichts

Sie ist das Grundnahrungsmittel schlechthin, von unserem Speisezettel ist sie nicht wegzudenken, doch lange Zeit sorgte sie für gegensätzliche Meinungen: Die einen sagten, Kartoffeln gehörten in den Keller, für die anderen ging nichts ohne die nahrhaften Knollen. Letztere sind die glücklicheren, die wahren Genießer. Denn die Kartoffel ist ein ausgesprochen gesundes Nahrungsmittel. Bis zu dieser Erkenntnis allerdings war es ein weiter Weg.

Die Urheimat der Kartoffel liegt in den Hochländern Südamerikas, in den Anden. Bei den Inkas war sie eine sehr alte Kulturpflanze. Doch als die spanischen Eroberer, die Kartoffel nach Europa brachten, stieß die »Neue« zunächst auf Ablehnung. In Deutschland wurden die ersten Pflanzen als Zier- und Gartenpflanze um die Wende vom 16. zum 17. Jahrhundert »angebaut«. Erst in der zweiten Hälfte des 18. Jahrhunderts erkannte man den wahren Wert der Kartoffel. Große Verdienste um ihre Verbreitung hat Friedrich der Große, der Preußenkönig. Er hatte die Bedeutung der Kartoffel als Massennahrungsmittel erkannt, und ordnete 1756 mit seinem »Kartoffel-Erlass« deren Anbau in großem Umfang an. Heute fehlt die Kartoffel bei kaum einem deutschen Essen und ist aus unserer Küche nicht mehr wegzudenken. Immerhin isst laut Statistik jeder Deutsche pro Jahr die stattliche Menge von etwa 69 kg.

Übrigens
Die Kartoffel ist weiter auf dem Vormarsch, sogar in China und anderen asiatischen Ländern wird heute nicht mehr ausschließlich Reis gegessen.

Kartoffel ist nicht gleich Kartoffel

Mehr als 130 verschiedene Kartoffelsorten gibt es in Deutschland – da ist für Auswahl gesorgt. Die Sorten unterscheiden sich in Aussehen, Geschmack und Erntezeitpunkt. Speisekartoffeln werden in erster Linie nach ihren drei Kocheigenschaften unterteilt: festkochend, vorwiegend festkochend und mehligkochend.
Die CMA (Centrale Marketinggesellschaft der deutschen Agrarwirtschaft) zeigt das auf ihren Markenverpackungen z. B. in drei unterschiedlichen Farben an:

GRÜN festkochend (für Kartoffelsalate, Schmor-, Salz-, Pell- und Bratkartoffeln);

ROT vorwiegend festkochend (für Salz-, Pell-, Brat- und Grillkartoffeln);

BLAU mehligkochend (für mehlige Pell- und Salzkartoffeln, Püree, Klöße, Eintöpfe und Suppen).

Wichtige Unterschiede sind auch die Erntezeitpunkte zu verschiedenen Jahreszeiten.

- Die Speisefrühkartoffeln (Juni/Juli) sind eine Delikatesse. Bei den ganz frühen kann man sogar die Schale mitessen wie bei jungem Gemüse. Diese Kartoffeln sollte man möglichst gleich nach dem Kauf zubereiten.
- Die mittelfrühen Speisekartoffeln (August/September) schmecken frisch besonders gut, sind aber zur Vorratshaltung nur begrenzt geeignet.
- Erst die Speisekartoffeln, die ab Mitte September bis Ende Oktober (mittelspäte bis sehr späte) geerntet werden und dann auf den Markt kommen, können für den Winter einkellert werden.

Auch aus dem Ausland werden wir mit Kartoffeln beliefert. So kommen Frühkartoffeln bereits im Januar aus Israel, im März dann aus Nordafrika, Sizilien und Griechenland. Sie sind recht teuer, haben aber meist nicht den typischen kartoffeligen Geschmack. Die späteren Kartoffeln sind für unsere heimischen Rezepte daher viel besser geeignet.

Kartoffeln mit viel Inhalt

Rein äußerlich wirkt die braune Knolle eher unscheinbar, doch sie hat es in sich. Zunächst: Sie ist kein Dickmacher, 100 g Kartoffeln enthalten nur 70 Kalorien. Dafür sitzt aber unter der dünnen Schale viel Wertvolles, beispielsweise komplexe Kohlenhydrate (Stärke) und Ballaststoffe. Außerdem enthält die Kartoffel besonders hochwertiges Eiweiß, fast kein Fett, dafür aber Calcium, Kalium, Phosphor, Eisen, Magnesium, Jod, Niacin und Folsäure und nur wenig Natrium. Außerdem sind die Vitamine A, K, B_1, B_2, B_6 und C enthalten. Beim Kochen wird allerdings ein gewisser Prozentsatz des Vitamin C zerstört. Je länger die Hitzeeinwirkung bei Kartoffeln dauert und je stärker die Kartoffeln zerkleinert werden, desto größer ist der Vitaminverlust. Wer seine Kartoffeln schält, muss außerdem einen zusätzlichen Verlust an Eiweiß, Mineralstoffen und Spurenelementen in Kauf nehmen, denn die Schale schützt die wertvollen Stoffe der Kartoffel. Darum ist es sinnvoll, Kartoffeln, wenn möglich, in Form von Pellkartoffeln zu verzehren.

Kartoffeln als Delikatesse

Hergeleitet wurde der Name Kartoffel vom italienischen »Tartoufoli«, was zu deutsch »Trüffel« heißt. Und in gewisser Weise ein Erdtrüffel ist sie immer noch. Nicht nur in der Malerei, auch in der Literatur ist die Kartoffel in Europa zu Ehrungen gekommen. »Morgens rund, mittags gestampft, abends in Scheiben, dabei soll's bleiben – das ist gesund!« Diese Liebeserklärung an die Kartoffel machte kein Geringerer als Johann Wolfgang von Goethe (1749–1832) – der Dichterfürst wusste die Kartoffel zu schätzen. Auch Matthias Claudius (1740–1815) war ein Verehrer der Kartoffel und widmete ihr folgenden Vers in seinem »Wandsbeker Boten«:

Das Lob der Kartoffel

Schon rötlich die Kartoffeln sind
Und weiß wie Alabaster!
Sie däu' n sich lieblich und geschwind
Und sind für Mann und Frau und Kind
Ein rechtes Magenpflaster.

Kartoffeln als Hausmittel

Leichte Kartoffelgerichte sind ideal als Schonkost. Nicht nur wegen ihrer wertvollen Inhaltsstoffe, sondern auch, weil sie so leicht verdaulich sind. Gekochte, gesalzene Kartoffeln wirken heilsam nach Magen-Darm-Infekten. Aber die vielseitige Kartoffel kann mehr. Bei Verbrennungen und Verbrühungen bringen Kartoffeln, äußerlich angewendet, Linderung. Eine Kompresse mit gedämpften, noch warmen und zerdrückten Pellkartoffeln auf die Brust gelegt, gilt als Hausmittel gegen Husten und Bronchitis. Eine heiße Kartoffelauflage kann auch helfen, Nebenhöhlenentzündungen zu lindern. Dazu ein paar Kartoffeln schälen, möglichst weich kochen, in eine Schüssel geben und mit etwas Milch zu Brei verarbeiten. Den heißen Kartoffelbrei fingerdick auf eine Lage Stofftaschentücher streichen. Die Tücher zu einem länglichen Päckchen einschlagen und möglichst warm auf die Nase legen. Sobald die Auflage abkühlt, muss sie erneuert werden. Die Kartoffelkur wirkt schleimlösend und schmerzlindernd. Auch zur Behandlung von Muskelverspannungen und Halsschmerzen werden feucht-heiße Kartoffelauflagen verwendet

Der Weg vom Feld ins Lebensmittelgeschäft

Speisekartoffeln, die im Lebensmittelhandel verkauft werden sollen, werden normalerweise vom Landwirt angebaut und geerntet, von einem Kartoffelhändler oder einer Warengenossenschaft aufgenommen. Von diesen weiterverpackt oder für den Winter eingelagert und dann in Kleinpackungen verkauft. Liegen die Erzeugnisse und der Lagerbetrieb im marktentfernten Erzeugergebiet, kaufen die in den Verbraucherzentren ansässigen Kartoffel-Fachhändler dort die vorsortierten Kartoffeln, packen sie in im Verbrauchergebiet in Kleinpackungen und verkaufen sie dann an den Lebensmittelhandel.

Einkauf und Aufbewahrung

Kartoffeln gibt es ganzjährig und jede Jahreszeit hat ihre eigene Sorte. Speisefrühkartoffeln (in Österreich: Heurige) gibt es von Juni bis zum 10. August, mit zarter Schale und feinem, frischem Geschmack. Noch frühere Import-Ware kann oft eher wässrig im Geschmack sein.

Frühkartoffeln: Juni/Juli

Mittelfrühe Sorten: ab Mitte August

Mittelspäte bis sehr späte Kartoffeln: ab Mitte September bis Ende Oktober.

Ideal sind lose Kartoffeln z. B. vom Markt, die von Bauern selbst vermarktet werden. Kartoffeln sollten auf jeden Fall von guter Qualität sein: sauber, unverletzte Schalen, keine Faul- oder grünen Stellen sowie keine Keimansätze. Kartoffeln mögen es am liebsten dunkel, luftig und kühl (3–6 °C), sie halten sich ohne Plastik-Verpackung im Korb etwa 14 Tage.

Zum Einkellern nur späte Sorten ab Ende Oktober verwenden. Sie werden im unbeheizten Keller, in einem luftigen Lattengestell gelagert. Nicht mehr als 40 cm hoch aufschütten. Eventuell mit Packpapier abdecken.

Wer keinen Keller hat, kann kleinere Mengen auch in der Küche lagern und den Kartoffeln einen Apfel beigeben. Die Gase, die bei der Alterung des Apfels entstehen, haben konservierende Wirkung auf die Kartoffeln. Frühkartoffeln sind nicht zur Bevorratung geeignet. Sie sollten dunkel aufbewahrt werden, da sie sonst sehr schnell grün werden. Die mittelfrühen Speisekartoffeln (August bis September) sind zur Vorratshaltung nur begrenzt geeignet.

Vorsicht bei Keimen und grünen Stellen

Bei allen Vorteilen, die die Kartoffel bietet, kann sie auch eine Substanz enthalten, die in höheren Konzentrationen gesundheitsschädlich ist. Gemeint ist das Solanin, das in den Keimen und grünen Stellen der Knolle vermehrt enthalten ist. Die Kartoffelknollen enthalten aber nur unschädliche Mengen von 0,002 bis 0,1 Prozent. Dieser Wert steigt jedoch bei falscher und zu heller Lagerung schnell an. Das Licht färbt die Kartoffel grün und erhöht den Anteil des Giftes. Daher grün gewordene und ausgekeimte Kartoffeln besser nicht verwenden. Der Verzehr von größeren Mengen Solanin kann Übelkeit, Brechdurchfall und Kopfschmerzen verursachen.

Kartoffeln richtig zubereiten

Tipp
Zum Kartoffelkochen reicht eine geringe Menge Wasser: für 1 kg Kartoffeln ¼ l Wasser (etwa 1 cm hoch). Kartoffeln sollen mehr gedämpft als gekocht werden. Frühkartoffeln nur abbürsten, dann kochen, braten oder backen.

- Vor dem Schälen unter fließend kaltem Wasser abbürsten, grüne Stellen und Keimansätze (unverträgliches Alkaloid Solanin) entfernen. Im gut verschlossenen Topf aufsetzen, ankochen, bis eine Dampffahne sichtbar ist, dann 10 bis 15 Minuten fortkochen, 5 bis 10 Minuten bei Nachwärme zu Ende garen.
- Kartoffelwasser abgießen, Kartoffeln offen trockendämpfen.
- Kartoffeln (für Salzkartoffeln) erst unmittelbar vor dem Garen dünn schälen und waschen – nicht im Wasser liegen lassen!

Für jedes Gericht den richtigen Kartoffel-Typ
Die einzelnen Kartoffelsorten verhalten sich unterschiedlich beim Kochen.
Einige bleiben nach der Garzeit fest, andere werden mehlig und zerfallen.
Damit die Auswahl problemlos ist, gibt es drei Kochtypen:
Festkochende Sorte: für Salat, Pell-, Bratkartoffeln, z. B. Hansa, Linda,
Sieglinde, Forelle, Celia.
Vorwiegend festkochende Sorte: Salz- und Pellkartoffel, für Salat und
Püree, z. B. Christa, Grata, Granola, Hela, Gloria, Grandifolia, Desiree, So-
lina, Samara, Libora.
Mehligkochende Sorte: Püree, Kartoffelklöße, z. B. Irmgard, Likaria,
Aula, Adretta.

So schmecken Kartoffeln gut

- als Beilage (Pell-, Salz-, Brüh- und Bratkartoffeln, Klöße, Back-
  kartoffel, Pommes frites, Püree, Kroketten)
- als eigenständiges Gericht (Aufläufe, Puffer)
- als Suppe oder Eintopf
- in der Schale (Frühkartoffeln) mit Quark, Gemüse, Eiern
- gegrillt in Folie und für Salate (mittelfrühe, mittelspäte und
  sehr späte Kartoffelsorten)

Küchen-Tipps

- Speisefrühkartoffeln nur in kleinen Mengen kaufen, vor Fremd-
  gerüchen schützen – ihre Schale ist sehr dünn.
- Geschälte, zerkleinerte oder geriebene Kartoffeln nicht an der
  Luft liegen lassen. Oxidationsvorgänge und sich bildende Mela-
  nin-Farbstoffe, die das Verfärben verursachen, wirken zerstö-
  rend auf das enthaltene Vitamin C.
- Beim Kochen von Kartoffeln (geschälten und ungeschälten) den
  Deckel zwischendurch nicht hochheben. Das unterbricht den
  Kochvorgang.

- Sollen die gekochten, abgegossenen und trockengedämpften Kartoffeln noch etwas warmgehalten werden, ein gefaltetes sauberes Geschirrtuch zwischen Topf und Deckel legen; damit wird der Dampf aufgenommen.
- Wer rohe Kartoffeln (z. B. für rohe Bratkartoffeln) in gleichmäßige Scheiben schneiden will, kann einen Gurkenhobel verwenden.

Kartoffeln machen schlank

Lange Zeit galt die Kartoffel als Dickmacher. Das hat die moderne Ernährungswissenschaft mittlerweile richtig gestellt. Denn nicht die Kartoffel selbst, sondern die dazu gereichten Beilagen haben ihr dieses Image verpasst. Mittlerweile ist hinlänglich bekannt, dass auf schwere fettige Saucen verzichtet werden kann.

Also: Kartoffeln sind leicht bekömmlich, wirken entwässernd und verdauungsfördernd, machen nicht dick und sind ideal für eine Diät geeignet. Denn: 100 g Kartoffeln enthalten nur 70 Kalorien und können mit Obst und Gemüse ohne Frage konkurrieren. Die Kombination der Kartoffel mit Molkereiprodukten, Kräutern, Gemüse, Fisch und Fleisch macht die täglichen Gerichte zu schlanken Mahlzeiten.

Ihr hochwertiges Eiweiß ist in Kombination mit Molkereiprodukten oder Eiern eine gute Alternative zu Fleisch. Nach der Sojabohne ist das Eiweiß der Kartoffel das wertvollste pflanzliche Eiweiß. Bemerkenswert ist der sehr geringe Fettgehalt der Kartoffel; sie ist frei von Risikostoffen wie Cholesterin. Und die enthaltenen Mineralstoffe wirken ebenfalls günstig: so z. B. Kalium. Es schwemmt Wasser aus, bestimmt also die Wasserverteilung im Körper. Das besondere Verhältnis (150:1) von Kalium und Natrium (Kochsalz) treibt Wasser aus dem Körper. Kartoffeln sind daher ideal zum Entschlacken.

Ganz einfach: die Kartoffel-Diät

Ernähren Sie sich gesund und nutzen Sie die natürlichen Bestandteile der Kartoffel: viel hochwertiges Eiweiß, Vitamin C und Kalium. Unsere Diät kombiniert reichlich Kartoffeln mit Gemüse und wenig Fleisch. Die Rezepte sind schnell und einfach zubereitet. Das wichtigste: der Erfolg auf der Waage ist im Handumdrehen sichtbar. Durch den zusätzlichen entschlackenden Effekt fühlen Sie sich richtig leistungsfähig. Bei dieser Diät müssen Sie auf liebgewordene Kartoffel-Gerichte, wie Kartoffel in Folie mit Kräuterquark, Kartoffelpüree-Variationen, Kartoffelpuffer oder Bratkartoffeln nicht verzichten. Wir haben die Gerichte etwas schlanker gemacht, und Sie haben die große Auswahl.

Wenn Sie alle Vorschläge gut einhalten, können Sie in einer Woche 2 bis 3 Kilogramm abnehmen.

Morgens brauchen Sie auf das übliche Müsli oder das belegte Brötchen nicht zu verzichten.

Und wer gern Kartoffelsuppen und -salate isst, findet hier seine Lieblingsgerichte. Auch die Hauptgerichte setzen sich aus regionalen, internationalen und neu entwickelten Rezepten zusammen – mit Gemüse, Fisch und Fleisch.

Das macht Appetit: Gefüllte Ofenkartoffel, Kartoffelgratin, Zitronenhähnchen mit Kartoffeln, Zander mit Kartoffelkruste, Kartoffeln mit Räucherlachs, Kartoffel-Gnocchi mit Gorgonzolasauce, Kräuterkartoffeln mit grünen Bohnen und Matjes oder wie wär's mit Zwetschgenknödeln?

Tipp
Wenn der Hunger allzu groß wird, ist die einfachste Lösung, eine Kartoffel (ca. 80 g = 56 kcal) mehr zu verwenden, ohne die übrigen Beigaben zu erhöhen.

Pro Tag gibt es 1000 Kalorien, verteilt auf 5 Mahlzeiten:

- Frühstück (200 Kalorien) oder Müsli (200 Kalorien)
- Imbiss für zwischendurch (100 Kalorien)
- Hauptgericht (400 Kalorien)
- Imbiss für zwischendurch (100 Kalorien)
- Kleine Gerichte (200 oder 300 Kalorien) für den Abend oder

fürs Büro, bestehend aus Kartoffelsuppen und -salaten. Bei einem kleinen Gericht mit 300 Kalorien lassen Sie den Imbiss mit 100 Kalorien weg.

Die Diät ist so variabel, dass alles beliebig zusammengestellt werden kann – je nachdem, ob Sie außerhalb oder zu Hause arbeiten.

Zum Frühstück gibt es wahlweise Müsli oder belegte Brötchen, Brote oder Knäckebrot, jeden Tag anders zusammengestellt – für jeden Geschmack ist etwas dabei.
Möchten Sie das **Mittagessen** am Abend essen, löffeln Sie mittags Kartoffelsuppe (200 Kalorien) oder genießen den Kartoffelsalat (200 Kalorien) – zu Hause oder im Büro.
Alternative 1: morgens frühstücken (200 Kalorien), vormittags oder nachmittags einen Imbiss (100 Kalorien), mittags das Hauptgericht (400 Kalorien) und abends Kartoffelsuppe oder Kartoffelsalat (300 Kalorien).
Alternative 2: morgens frühstücken (200 Kalorien), mittags ein kleines Gericht (Kartoffelsalat- oder -suppe/200 Kalorien), nachmittags ebenfalls ein kleines Gericht (Kartoffelsuppe oder -salat / 200 Kalorien) und abends das Hauptgericht (400 Kalorien).

Pro Tag gibt es 1000 Kalorien, die vorwiegend aus den Kartoffelgerichten bestehen. Wenn Ihnen diese Menge nicht ausreicht, können Sie die 1000-Kalorien-Diät jederzeit mit 200 Kalorien erhöhen, beispielsweise durch einen Imbiss mit 2 x 100 Kalorien aus der Gruppe Kleine Gerichte, z. B. mit einer Kartoffelsuppe oder einem Kartoffelsalat (200 kcal).

Tipps zur Kartoffel-Diät
- Bereiten Sie Ihren Körper auf die Diät vor. Am Vorabend 2 Esslöffel Glaubersalz in ¼ Liter lauwarmem Wasser auflösen, in kleinen Schlucken trinken. Das räumt den Körper auf, entschlackt, hilft ihm, sich auf die Veränderung umzustellen und

bereitwilliger seine Reserven anzugreifen. Es empfiehlt sich, die Diät an einem Wochenende zu beginnen.

- Auch wenn Sie es nicht gewöhnt sind zu frühstücken, jetzt sollten Sie es tun. Der Magen muss beschäftigt sein und Sättigung signalisieren, sonst werden Sie schon beim kleinsten Hungergefühl schwach.
- Trinken Sie viel Flüssigkeit, mindestens 2 bis 3 Liter pro Tag, am besten Mineralwasser, stilles oder sprudelndes, ganz wie Sie's mögen. Flüssigkeit schwemmt Schlacken und Giftstoffe aus dem Körper und sorgt so fürs Wohlbefinden. Außerdem: Wer viel trinkt, spürt auch eventuelles Hungergefühl nicht zu sehr. Wenn Sie regelmäßig jede Stunde ein Glas Flüssigkeit trinken, kommen Sie ohne viel nachzudenken auf die gewünschte Trinkmenge.
- Bewegung als Ergänzung zu dieser Diät gehört dazu; gehen Sie doch einfach mal schnellen Schrittes eine halbe Stunde spazieren oder fahren Sie Fahrrad. Außerdem: Auch Treppen zu Fuß laufen hilft, den Kreislauf in Schwung zu halten.
- Achten Sie auf Ihre Salzzufuhr. Wenig Salz wirkt sich günstig auf Ihren Blutdruck aus und damit langfristig auf Ihre Gesundheit. Probieren Sie bei dieser Diät weniger Salz zu verwenden. Würzen Sie lieber mit vielen Kräutern.
- Morgens oder abends ein Kräuterbad (Reformhaus- oder Apotheke) trägt zum Wohlfühlen bei.
- Auch eine Massage, ein Sauna- oder Friseur-Besuch verschönt nicht nur den Körper, auch das Gemüt.

Fertigprodukte erleichtern das Kochen

Delikat, vielseitig und preiswert sind die Rezepte zusammengestellt. Die Zubereitungszeiten sind kurz: etwa 15 bis 20 Minuten. Während die Kartoffeln kochen, werden die anderen Zutaten vor-

oder zubereitet. Schnell und bequem geht's deshalb, weil auch Fertig- oder Halbfertigprodukte, also Convenience-Produkte verwendet werden. Convenience – das Dienstmädchen in der Packung – bedeutet Bequemlichkeit. Gemeint sind vorgefertigte Lebensmittel, die entweder küchen-, gar- oder zubereitungsfertig, am besten verzehr- und verbrauchsfertig sind.

Somit finden Tiefkühlprodukte und andere Halbfertigprodukte, wie Kartoffeltrockenprodukte (Kartoffelpüree, -puffer oder -klöße) Einzug in Ihre Küche. Beispielsweise brauchen Sie als reine Arbeitszeit (ohne Kochzeit der Kartoffeln) für hausgemachtes Kartoffelpüree 10 Minuten; für vorgefertigtes Kartoffelpüree nur 3 Minuten.

Wahre Küchenhelfer für kleine Portionen sind Zwiebeln, Kräuter, Knoblauch aus der Tiefkühltruhe. Auch Gemüse und Obst sind aus der Tiefkühltruhe mit von der Partie. In der Saison können die TK-Produkte gegen Frische ausgetauscht werden – das ist kein Problem. Selbstredend dass auch Instantprodukte für Brühen und Suppengrundlagen ideal sind.

Das eine oder andere Gericht ist für 2 Portionen angegeben – entweder Sie laden sich Besuch ein oder teilen die Portion, frieren sie ein und tischen sie später mit 1 EL Kräutern verändert auf.

Außer Lust auf die Kartoffel-Diät, Lust am Kochen, benötigen Sie nur die Rezeptvorlagen und die entsprechenden Produkte und sonst keine Besonderheiten.

- Sollten Sie nur große Töpfe besitzen, wäre die Anschaffung von 1 bis 2 kleineren Töpfen (mit 15 bzw. 20 cm Durchmesser) ratsam. Die kleinen Portionen verlieren sich sonst zu sehr in großen Töpfen. Gut dämpfen lässt es sich mit einem Siebeinsatz, der zusammenklappbar ist und in kleinere Töpfe passt.

- Mit einem Küchenpinsel können Sie Öl in winziger Menge in der Pfanne oder im Auflaufförmchen auftragen.
- Braucht man immer und ist kein Luxus: 1 kleine oder mittelgroße beschichtete Pfanne.
- Ein Mixstab bzw. Pürierstab kommt mehrfach zum Einsatz. Die meisten Handrührgeräte haben ihn als Zusatzteil.

Strenger Kartoffeltag

Wer mag und auch sonst gesund ist, darf auch mal einen strengen Kartoffeltag einschieben:

Dazu kochen Sie 1 kg Kartoffeln in der Schale und verteilen diese ganz pur auf 4 Mahlzeiten. Das sind dann insgesamt 700 Kilokalorien. Es wird ein harter Tag, aber der Erfolg lohnt sich: Ihr Wohlbefinden – geistig und körperlich – steigt von Kartoffel zu Kartoffel. Nicht vergessen: auch dabei ordentlich trinken, dabei werden alle Stoffwechselschlacken ausgeschwemmt.

Ernährung langfristig umstellen

Mit unseren Kartoffelrezepten kommen Sie sicher auf den Geschmack. Um Ihr Wunschgewicht zu erreichen oder zu halten, sollte für Sie von jetzt an gelten: weiterhin eine gesunde, fettarme und kohlenhydratreiche Ernährung.

Lust auf Frühstück

Belegte Brote, Brötchen und Knäcke

Zwiebelbrötchen mit Camembert
Für 1 Portion

1 Zwiebelbrötchen
30 g kalorienreduzierter reifer
Rohmilch-Camembert
(30 % F. i. Tr.)
½ TL TK-Zwiebeln, gewürfelt
1 TL TK-Petersilie

1 TL weiche Butter
Salz
frisch gemahlener weißer Pfeffer
Paprika edelsüß
2 kleine Salatblätter

Tipp
Es lohnt sich, gewürfelte Zwiebeln und Knoblauch aus der Tiefkühltruhe einzukaufen. Auch TK-Kräuter, z. B. Petersilie, Schnittlauch, Dill, Kräuter der Provence, Salat- und Italienische Kräuter und 8-Kräuter-Mischung, sind ideal für kleine Rezeptmengen.

- Das Brötchen waagerecht halbieren. Camembert klein schneiden und mit den Zwiebelwürfeln und der Petersilie mischen. Weiche Butter und Gewürze zufügen und mit einer Gabel zerdrücken.
- Die Brötchenhälften jeweils mit einem Salatblatt belegen, die Camembertmasse darauf verteilen.

Gemüse-Burger mit Käse
Für 1 Portion

1 Roggenbrötchen
20 g Frischkäse (15 % F. i. Tr.)
1 kleine Strauchtomate
1 Stück Fenchelknolle (50 g)

3 Radieschen
1 Scheibe (20 g) Allgäuer
Emmentaler Käse (45 % F. i. Tr.)

Tipp
Wer Fenchel nicht mag, kann einige Salatblätter oder Zucchini verwenden.

- Das Brötchen waagerecht halbieren, mit Frischkäse bestreichen. Tomate, Fenchel und Radieschen waschen. Tomate in Scheiben, Fenchel und Radieschen in dünne Streifen schneiden.
- Gemüse auf dem Brötchen verteilen. Käse darauf legen und die Brötchenhälften zusammenklappen.

Schinken-Paprika-Schnitte

Für 1 Portion

50 g Frischkäse mit Buttermilch (8 % Fett)

1 TL Paprikamark

Salz

frisch gemahlener weißer Pfeffer

1 TL TK-Petersilie

½ rote oder gelbe Paprikaschote

1 Scheibe Vollkornbrot (50 g)

25 g hauchdünn geschnittener gekochter Schinken

Variante
Paprikamark kann durch Tomatenmark ersetzt werden.

- Frischkäse, Paprikamark, Salz, Pfeffer und Petersilie verrühren. Paprikaschote in dünne Streifen schneiden.
- Die Brotscheibe mit gewürztem Frischkäse bestreichen. Die Paprikaschotenstreifen und Schinkenscheiben darauf verteilen, Scheibe halbieren.

Vollkornbrötchen mit Quark und Honig

Für 1 Portion

1 Vollkornbrötchen

1 TL Magerquark

1 TL Honig

½ Banane

Tipp
Versuchen Sie doch mal Bio-Bananen. Sie haben einen intensiveren Geschmack.

- Das Vollkornbrötchen waagerecht aufschneiden und jede Hälfte mit Magerquark bestreichen.
- Den Honig darüber träufeln. Die Banane schälen, in Scheiben schneiden und die Brötchenhälften damit garnieren.

Kräuter-Tomaten-Rührei und Knäckebrot

Für 1 Portion

1 Ei (Größe S)

1 TL Wasser

1 Msp. Salz und Pfeffer

1 kleine Tomate

½ TL Pflanzenöl

½ TL TK-Schnittlauch

2 Scheiben Vollkorn-Knäckebrot

- Das Ei, Wasser, Salz und Pfeffer verrühren. Die Tomate waschen, den Stielansatz entfernen, die Tomate quer halbieren. Das Fruchtfleisch in kleine Würfel schneiden.
- Pflanzenöl in einer beschichteten Pfanne erhitzen, die Eimasse hineingeben, etwas stocken lassen und die Tomatenwürfel darüber verteilen. Den Schnittlauch darüber streuen.
- Rührei auf den Knäckebrotscheiben verteilen.

Vollkornbrot mit Honig und Früchten

Für 1 Portion

1 Scheibe Vollkornbrot (40 g)

10 g Butter

1 TL Honig

½ kleiner Pfirsich (40 g)

2–3 Tropfen Zitronensaft

50 g Erdbeeren

Tipp
Statt Tomate können Sie auch 100 g gewürfelte Paprikaschote verwenden.

- Vollkornbrotscheibe mit Butter bestreichen, Honig dünn darüber träufeln.
- Pfirsich waschen, halbieren, vom Stein befreien und in dünne Spalten schneiden. Mit Zitronensaft beträufeln.
- Erdbeeren abbrausen, trockentupfen, Kelchblätter entfernen und die Früchte in Scheiben schneiden. Erdbeerscheiben auf dem Brot verteilen.

Brötchen mit geräucherter Putenbrust

Für 1 Portion

Tipp
Statt der Salatblätter passen auch kleine Rucola- oder junge Spinatblätter.

2–3 kleine Salatblätter (Kopf- oder Eisbergsalat)

1 kleine Strauchtomate

3–4 Gurkenscheiben

frisch gemahlener weißer Pfeffer

1 Brötchen mit Körnern

10 g Margarine (z. B. Rama)

1 dünne Scheibe Putenbrust

- Salatblätter waschen, trockenschütteln und in dünne Streifen schneiden. Tomate waschen und in Scheiben schneiden. Salat und Tomate mit den Gurkenscheiben auf einen Teller geben und mit Pfeffer bestreuen.
- Das Brötchen waagerecht aufschneiden und beide Hälften mit Margarine bestreichen. Die Salatstreifen, das Gemüse und die Putenbrustscheibe darauf anrichten. Mit der zweiten Brötchen-hälfte abdecken.

Sesamknäcke mit Banane

Für 1 Portion

2 Scheiben Sesam-Knäckebrot

1 TL Crème fraîche (30 % Fett)

½ Banane

1 TL Sonnenblumenkerne

2 Fruchtstücke (z. B. 1 Erdbeere oder 2 Mandarinen- oder Nektarinenscheiben)

- Die Knäckebrotscheiben mit Crème fraîche bestreichen. Die Banane schälen, in Scheiben schneiden und auf den Knäckebrot-scheiben anrichten.
- Sonnenblumenkerne grob hacken und auf die Knäckebrot-scheiben streuen. Mit Fruchtstücken garnieren.

Vitality-Brötchen
Für 1 Portion

1 Vollkornbrötchen mit Sesam
2 kleine Salatblätter (z. B. Kopfsalat, Lollo Bianco)
2 EL Frischkäse mit Kräutern, kalorienreduziert

1 rote Paprikaschote (100 g)
frisch gemahlener schwarzer Pfeffer
¼ Kästchen Kresse

Tipp
Das Vitality-Brötchen ist bestens geeignet als Proviant für unterwegs oder am Arbeitsplatz.

- Das Vollkornbrötchen waagerecht aufschneiden. Die untere Hälfte mit Frischkäse bestreichen; Pfeffer darüber streuen.
- Salatblätter abbrausen, trockentupfen und auf die Brötchenhälfte legen. Paprikaschote waschen, halbieren, entstielen und entkernen. Paprikahälften in dünne Streifen schneiden und auf dem Salat verteilen.
- Kresse abschneiden und darüber streuen. Mit der oberen Brötchenhälfte abdecken.

Hüttenkäse mit Paprika
Für 1 Portion

100 g Hüttenkäse (10 % Fett)
1 TL Distelöl
1 Prise Thymian, getrocknet
etwas Salz

1 Prise Paprika edelsüß
1 grüne Paprikaschote (100 g)
1 Scheibe Vollkornbrot

Tipp
Wenn Sie frischen Thymian in der Küche haben, schmeckt's noch würziger. Statt des getrockneten Thymians geben Sie einige frische Blättchen gehackt in die Käsemasse.

- Hüttenkäse, Distelöl, Thymian, Salz und Paprikapulver gleichmäßig verrühren.
- Paprikaschote waschen, halbieren, entstielen und entkernen. Paprika fein würfeln, mit dem Hüttenkäse mischen und auf der Brotscheibe anrichten.

Vollkornbrot mit Lachsschinken

Für 1 Portion

Tipp
Besonders praktisch sind die
kleineren Frühstücksgurken.

1 Scheibe Vollkornbrot

1 TL Halbfettbutter oder -margarine

1 Scheibe gekochter Schinken

ohne Fettrand (30 g) oder

4 Scheiben Lachsschinken (50 g)

1 Stück Salatgurke (60 g)

frisch gemahlener schwarzer

Pfeffer

- Die Brotscheibe mit Halbfettbutter oder -margarine bestreichen und mit dem Schinken belegen.
- Gurke in Würfel oder Scheiben schneiden, mit etwas schwarzem Pfeffer bestreuen. Die Gurke zum Schinkenbrot essen.

Käse-Birnen-Baguette

Für 1 Portion

Tipp
Wenn von der Birne nicht alles
verwendet wird, einfach zum
Brötchen dazu essen.

20 g Löwenzahnblätter

8 Johannisbeerrispen (40 g)

1 Birne

1 Stück Camembert (z. B.

Prachtsück mit Rotkulturen, 200 g)

1 Mehrkornbaguette

Halbfettbutter oder -margarine

zum Bestreichen

Pimpinelle zum Garnieren

- Löwenzahnblätter und Johannisbeeren abbrausen und gut abtropfen lassen.
- Die Birne waschen und vierteln. Das Kerngehäuse entfernen, die Birnenstücke in dünne Scheiben schneiden.
- Das Baguette in 8 Scheiben schneiden, mit Halbfettbutter oder -margarine bestreichen und mit Salat und der Hälfte der Birnenscheiben belegen.
- Die Käsescheiben darüber schuppenartig verteilen. Mit restlichen Birnenscheiben, Johannisbeerrispen und Pimpinelle garnieren.

Gurken-Quark-Brot
Für 1 Portion

1 Scheibe Vollkornbrot	frisch gemahlener weißer Pfeffer
2 TL Halbfettbutter oder	Selleriesalz
-margarine	6 Scheiben Salatgurke
2 EL Magerquark (60 g)	1 TL Kresse
1 EL Wasser	

- Die Brotscheibe mit der Halbfettbutter oder -margarine bestreichen.
- Magerquark mit Wasser, Pfeffer und Selleriesalz verrühren und auf dem Brot verteilen. Die Salatgurkenscheiben darauf legen und mit Kresse bestreuen.

Knäckebrot mit Pesto-Schinken
Für 1 Portion

2 Scheiben Knäckebrot	2 Scheiben gekochter Schinken
1 TL Halbfettbutter oder	ohne Fettrand (60 g)
-margarine	½ TL Pesto (aus dem Glas)
1 großes Salatblatt	½ TL Petersilie (TK)

- Knäckebrotscheiben mit Halbfettbutter oder -margarine bestreichen.
- Das Salatblatt abbrausen, trockentupfen und halbieren. Die Knäckebrotscheiben damit belegen.
- Den gekochten Schinken würfeln, mit dem Pesto mischen und auf den Knäckebrotscheiben verteilen. Zum Schluss mit Petersilie bestreuen.

Tipp
Statt gekochten Schinken können Sie auch französischen Hauchschnitt-Schinken verwenden. Den sollten Sie nicht klein schneiden, sondern auf die mit Pesto bestrichenen Knäckebrote locker verteilen.

Käsebrot mit Feigen
Für 1 Portion

1 Scheibe Vollkornbrot

1 TL Halbfettbutter oder
-margarine

3 kleine Radicchioblätter

1 Scheibe Tilsiter Käse,
kalorienreduziert (30 g)

1 gute Msp. Feigensenf (Glas)

1 frische kleine Feige (30 g)

- Brotscheibe mit der Halbfettbutter oder -margarine bestreichen.
- Radicchioblätter abbrausen, trockentupfen, in große Stücke zerpflücken und auf dem Brot verteilen. Den Käse darüber legen und mit Feigensenf bestreichen.
- Die Feige waschen, trockentupfen, vierteln und dazu essen.

Scharfes Eibrot mit Tomate
Für 1 Portion

1 Scheibe Vollkornbrot

1 TL körniger Dijonsenf

1 hartgekochtes Ei (Größe S)

2 EL Schnittlauch (TK)

grob gemahlener schwarzer
Pfeffer

1 Strauchtomate

Tipp
Das Brot können Sie leicht »entschärfen«: statt körnigen Dijonsenf den milderen Dijonsenf mit Paprika und Knoblauch verwenden.

- Die Brotscheibe leicht toasten und mit dem Dijonsenf bestreichen. Das Ei in Scheiben schneiden, auf dem Brot schuppenartig verteilen und mit Schnittlauch bestreuen.
- Die Tomate waschen, trockentupfen, den Stielansatz entfernen. Tomate in Scheiben schneiden, leicht mit Pfeffer bestreuen und separat zum Brot anrichten.

Krabbenbrot mit Dill und Gurke
Für 1 Portion

1 Scheibe Vollkornbrot

1 TL Halbfettbutter oder

-margarine

1 großes Salatblatt

100 g Nordseekrabben

4 Scheiben Salatgurke oder

6–8 Radieschenscheiben

1 TL Zitronensaft

2 Stiele Dill

Variante
Statt Nordseekrabben Eis-
meergarnelen verwenden.

- Die Brotscheibe mit der Halbfettbutter oder -margarine bestrei-
  chen.
- Das Salatblatt abbrausen, trockentupfen, halbieren, dabei die
  Mittelrippe entfernen. Salatblatt und Gurken- oder Radieschen-
  scheiben auf das Brot legen. Die Krabben darüber verteilen.
  Mit Zitronensaft beträufeln.
- Dill abbrausen, trockenschwenken, fein schneiden und über
  die Krabben streuen.

Kaviarbrot mit Ei und Zwiebel
Für 1 Portion

1 Scheibe Vollkornbrot

1 TL Halbfettbutter oder

-margarine

einige Feldsalatblätter

1 EL deutscher Kaviar (20 g)

1 kleines hartgekochtes Ei

(Größe S)

½ TL Zwiebeln, gewürfelt (TK)

Tipp
Dieses Brot eignet sich auch
als Teil eines Buffets oder als
Vorspeise für Gäste. Dann können Sie auch den orangefarbe-
nen Keta-Kaviar verwenden.

- Die Brotscheibe mit der Halbfettbutter oder -margarine bestrei-
  chen.
- Feldsalatblätter abbrausen, trockenschwenken, eventuell klei-
  ne Wurzeln abschneiden. Das Ei in Scheiben schneiden.
- Salatblätter und Eischeiben schuppenartig auf das Brot legen.
  Den Kaviar darauf verteilen. Mit Zwiebelwürfeln garnieren.

Müslis –
immer wieder anders

Kiwi-Müsli mit Sprossen
Für 1 Portion

1 Gold-Kiwi

75 g gemischte Beerenfrüchte

(z. B. Erd-, Brom- oder Himbeeren)

25 g frische Sprossenmischung

100 g Joghurt (1,5 % Fett)

1 TL Orangenblütenhonig

25 g Weizenflocken

Tipp
Wenn die Beerenfrüchte nicht frisch vorhanden sind, gibt es sie aus der Tiefkühltruhe.

- Gold-Kiwi halbieren und in breite Scheiben schneiden. Die Beerenfrüchte abbrausen, abtupfen. Beerenfrüchte von den Kelchblättern befreien, die Erdbeeren halbieren oder vierteln. Sprossen abbrausen und trockenschwenken.
- Joghurt mit Honig verrühren. Kiwistücke (eins zum Garnieren zurück lassen), Beerenfrüchte, Weizenflocken, Sprossen und Joghurt schichtweise in ein Glas füllen und mit dem restlichen Stück Gold-Kiwi garnieren.

Kerniges Apfel-Müsli
Für 1 Portion

1 kleiner Apfel (100 g)

2 EL Kernige Haferflocken

1 TL Sonnenblumenkerne

1 TL Rosinen

100 ml fettarme Milch

(1,5 % Fett)

Tipp
Statt des Apfels können Sie auch eine Birne verwenden. Und wer die Rosinen nicht mag, schneidet eine kleine Aprikose in Würfel.

- Apfel waschen, vierteln, entkernen und in mundgerechte Stücke schneiden.
- Haferflocken, Kokosflocken, Sonnenblumenkerne und Rosinen mischen. Die Apfelstücke zugeben, mit Milch übergießen und vorsichtig mischen.

Müsli selbst gemacht

Rezept für eine selbst zusammengestellte Müsli-Mischung. Dieses Müsli ist ballaststoffreich, sättigend und reicht für 6 Portionen je 50 g (2 Esslöffel):

Übrigens

Hafer als das nährstoffreichste Getreide enthält mehr Fett als andere Getreide. Wegen des hohen Fett- bzw. Fettsäureanteils sollten Haferprodukte nicht so lange aufbewahrt werden. Geöffnete Packungen trocken und dunkel aufbewahren, damit das enthaltene Fett nicht ranzig wird. Außerdem kann es durch den Luftsauerstoff zu Vitaminverlusten sowie Geschmackseinbußen kommen. Originalverpackte Haferflocken lassen sich bei richtiger Lagerung bis zu einem Jahr bevorraten.

62,5 g Knusprige Haferfleks mit Kleie (Köllnflockenwerke)	25 g Kurpflaumen
	25 g Aprikosen, getrocknet
50 g Kernige Haferflocken	25 g Rosinen
25 g Haferkleie Flocken	10 g Pflanzenmargarine
25 g Haselnüsse, gehackt	25 g Honig
25 g Sonnenblumenkerne	1–2 EL Zitronensaft

- Haferfleks mit Kleie, Haferflocken, Haferkleie Flocken, Haselnüssen und Sonnenblumenkernen mischen.
- Kurpflaumen und Aprikosen waschen, trockentupfen und fein schneiden. Die Rosinen untermischen.
- Pflanzenmargarine, Honig und Zitronensaft unter ständigem Rühren so lange kochen, bis die Masse leicht bräunt. Mit den anderen Zutaten mischen.
- Das Müsli auskühlen lassen. Danach in eine gut schließende Dose oder ein Vorratsglas geben.

Fertigmüsli für Eilige

Für 1 Portion

1 kleine Orange	125 ml fettarme Milch
1 EL Müsli-Mischung	(1,5 % Fett)

- Orange filetieren; die Orangenfilets klein schneiden.
- Müsli-Mischung und Milch verrühren. Die Orangenfilets unterheben.

Corn-Flakes mit Milch und Obst
Für 1 Portion

7 gehäufte EL Corn-Flakes (30 g)

100 ml fettarme Milch

(1,5 % Fett)

je 50 g Erd- und Himbeeren (frisch
oder TK)

evtl. Süßstoff

- Corn-Flakes und Milch in einem Schüsselchen mischen.
- Das frische Obst abbrausen, trockenschwenken, eventuell mit etwas Süßstoff süßen und unterheben.

Saison-Müsli mit Dickmilch
Für 1 Portion

100 g Erd- oder Himbeeren (frisch
oder TK)

150 g Dickmilch (3,5 %Fett)

1 EL Müsli-Mischung (25 g)

- Die aufgetauten Beerenfrüchte in eine Schale geben. Dickmilch darüber verteilen. Mit der Müsli-Mischung bestreuen.

Sommer-Müsli
Für 1 Portion

50 g Himbeeren (frisch oder TK)

3 gehäufte EL Corn-Flakes

1 TL Sonnenblumenkerne

1 TL Honig

200 ml fettarme Milch

(1,5 % Fett)

Tipp
In der Saison können Sie die Himbeeren auch durch sonnengereifte Brombeeren ersetzen.

- Die Himbeeren (TK, aufgetaut) mit Corn-Flakes, Sonnenblumenkernen und Honig mischen. Die Milch darüber geben.

Herbst-Früchte-Müsli

Für 1 Portion

1 mürber Apfel (100 g)	25 g Haferflocken
1 Pflaume (50g)	100 ml fettarme Milch (1,5 % Fett)

Tipp
Zur Pflaumen-Familie gehören auch Mirabellen, Renekloden und Zwetschgen. Der Kaloriengehalt ist bei allen ähnlich.

- Das Obst waschen und trockentupfen. Den Apfel vierteln, entkernen und die Apfelstücke in dünne Scheiben oder Stifte schneiden. Die Pflaume halbieren, den Stein entfernen und die Pflaumenstücke klein schneiden.
- Das Obst und die Haferflocken mischen und die Milch darüber gießen.

Flocken-Müsli

Für 1 Portion

1 TL Sesamsamen	100 g Joghurt (1,5 % Fett)
1 TL Sonnenblumen- oder Kürbiskerne	kohlensäurehaltiges Mineralwasser
30 g gemischte Getreideflocken (Roggen-, Hafer- und Weizenflocken)	abgeriebene Schale und Saft von ½ kleinen unbehandelten Zitrone
	3 Tropfen Süßstoff

Tipp
Die ideale Ergänzung zur gesunden Ernährung und kalorienreduzierten Kost ist ein Fitness-Programm. Einfache Gymnastikübungen – 15 Minuten pro Tag – sind genau richtig.

- Sesamsamen und Kerne in einer beschichteten Pfanne ohne Fett unter Wenden kurz rösten und unter die Getreideflocken mischen.
- Joghurt mit etwas Mineralwasser cremig rühren, mit Zitronenschale und -saft und dem Süßstoff würzen, über die Flocken geben und vorsichtig mischen.

Molke-Müsli mit Apfelkompott

Für 1 Portion

1 Apfel (100 g)	5 g Rosinen
2 EL Apfelsaft	1 Msp. Zimt
2 EL Zitronensaft	25 g Haferflocken
1 EL Honig	50 ml Molke

Übrigens
Molke fällt bei der Käseher-
stellung an. Hier unterscheidet
man einerseits zwischen der
Labgerinnung, aus der milde
Süß- bzw. Labmolke hervor-
geht, und andererseits der
Milchsäuregerinnung, bei der
Sauermolke entsteht. Sauer-
molke fällt hauptsächlich bei
der Herstellung von Quark an,
Süß- bzw. Labmolke in erster
Linie bei Hart-, Schnitt- und
Weichkäse.

- Apfel schälen, vierteln, entkernen und in mundgerechte Stücke schneiden. Apfelstücke in einem Topf mit Apfel- und Zitronensaft und Honig etwa 3 Minuten dünsten. Die Rosinen zufügen. Das Kompott abkühlen lassen und mit Zimt würzen.
- Haferflocken in einer beschichteten Pfanne ohne Fett unter Wenden goldgelb rösten und abkühlen lassen.
- Molke über das Apfelkompott gießen und mit den gerösteten Haferflocken bestreuen.

Aprikosen-Porridge

Für 1 Portion

30 g Kernige Haferflocken	2 Aprikosen (100 g)
200 ml kohlensäurehaltiges	3 EL Milch
Mineralwasser	1 TL Honig oder Ahornsirup

Variante
Sie können die Aprikosen auch
durch einen Pfirsich oder eine
Nektarine ersetzen.

- Kernigen Haferflocken mit dem Mineralwasser verrühren und 10 Minuten quellen lassen.
- Aprikosen waschen, halbieren, entsteinen und in feine Spalten schneiden.
- Das Porridge mit der kalten Milch und dem Honig oder Ahornsirup verrühren. Die Hälfte der Aprikosenspalten unterheben, restliche Aprikosenspalten darüber verteilen.

Konzentrations-Müsli

Für 1 Portion

3 EL Kernige Haferflocken

1 EL Walnüsse, gehackt

1 kleiner Apfel

50 ml Kefir

2–3 Tropfen Süßstoff

- Haferflocken und Walnüsse in eine Schale geben.
- Den Apfel waschen, trockentupfen, vierteln und entkernen. Eine Apfelhälfte in dünne Scheiben schneiden; die andere Hälfte grob reiben und unter die Haferflocken heben.
- Kefir und Süßstoff mit einer Gabel verrühren und über die Mischung geben. Mit den Apfelscheiben garnieren.

Buttermilch-Mandarinen-Müsli

Für 1 Portion

2 EL Kernige Haferflocken	etwas Zitronensaft
1 TL Weizenkleie	2–3 Tropfen Süßstoff
150 ml Buttermilch	2 EL Corn-Flakes
1 Mandarine	

Übrigens
Buttermilch, wie auch alle anderen Milchprodukte, enthält wertvolles, leicht verdauliches tierisches Eiweiß und viele wichtige Mineralstoffe.

- Kernige Haferflocken und Weizenkleie mischen, die Buttermilch dazugießen. Die Mandarine klein schneiden und untermischen.
- Müsli mit Zitronensaft und Süßstoff würzen und mit Corn-Flakes bestreuen.

Himbeer-Müsli

Für 1 Portion

1 Becher Magerjoghurt (150 g)	2 EL Kernige Haferflocken
100 g Himbeeren (frisch oder TK)	1 TL Sonnenblumenkerne
2–3 Tropfen Süßstoff	

- Magerjoghurt mit der Hälfte der Himbeeren verrühren. Mit Süßstoff nach Geschmack würzen.
- Mit Haferflocken und Sonnenblumenkernen und den restlichen Himbeeren bestreuen.

Joghurt-Müsli

Für 1 Portion

½ Apfel

1 Becher Magerjoghurt, 150 g
(0,3 % Fett)

½ Tasse (60 ml) fettarme Milch
(1,5 % Fett)

1 EL Müsli-Mischung (25 g)

- Die Apfelhälfte waschen, entkernen und mit der Schale reiben. Joghurt mit Milch verrühren und den geriebenen Apfel unterheben.
- Mit der Müsli-Mischung bestreuen.

Frischkorn-Müsli

Für 1 Portion

20 g ungeschwefelte
Trockenfrüchte (z. B. Rosinen,
Pflaumen, Aprikosen, Apfelringe)
250 g frische Früchte (Erdbeeren,
oder 150 g Honigmelone oder
200 g Wassermelone)

3 EL Wasser

3 EL Haferflocken oder
Weizenflocken

1 EL Zitronensaft

Süßstoff nach Geschmack

- Trockenobst klein schneiden und über Nacht in 3 Esslöffel Wasser einweichen.
- Am Morgen das frische Obst klein schneiden und mit dem Trockenobst, den Haferflocken oder Weizenflocken, Zitronensaft und Süßstoff mischen.

Hauptgerichte voller Power

Kartoffel-Kürbis-Eintopf
Für 1 Portion

200 g Kartoffeln	200 g Kürbis (aus dem Glas)
1 TL Butterschmalz	2 Tropfen Süßstoff, Salz
1 EL TK-Zwiebeln, gewürfelt	frisch gemahlener weißer Pfeffer
250 ml Gemüsebrühe (instant)	1 Prise Zimt, 150 ml Sauermolke

Tipp
Die restlichen Kürbisstücke in dem Eintopf erwärmen. Zum Anrichten können Sie Croutinos und Minzeblätter über die Suppe streuen.

- Kartoffeln schälen, waschen, klein schneiden und mit den Zwiebelwürfeln in Butterschmalz anbraten, mit Brühe aufgießen und zugedeckt 10 bis 12 Minuten garen.
- Die Kürbisstücke klein schneiden, einen Esslöffel beiseite stellen. Restlichen Kürbis zu den Kartoffeln geben und würzen. Die Molke zugießen und alles mit dem Pürierstab zerkleinern.

Fischeintopf mit Kartoffeln
Für 1 Portion

250 g Kartoffeln	50 g eingelegte Miesmuscheln
75 ml Fleischbrühe (instant)	2 ausgelöste Garnelen
Saft von ½ Zitrone	1 Pckg. passierte Tomaten (360 ml)
200 g Fischfilet (z. B. Lengfisch,	1 kleine getrocknete Chilischote
Scholle, Kabeljau, Seehecht, Lachs)	1 TL gemischte Kräuter

Tipp
Sie können beim Fischhändler auch kleine Fischstücke als sogenannte Fischabfälle kaufen.

- Kartoffeln schälen, waschen, klein schneiden und in der Brühe zugedeckt garen. Fisch und Garnelen waschen, trockentupfen, mit Zitronensaft beträufeln, 5 Minuten ziehen lassen. Fisch in mundgerechte Stücke schneiden.
- Kartoffeln mit der zerkrümelten Chilischote zu den passierten Tomaten geben und aufkochen. Fischstücke in die Tomatensauce geben, 5 bis 7 Minuten ziehen lassen, Miesmuscheln und Garnelen zufügen. Kräuter unterrühren.

Brühkartoffeln mit Rindfleisch und Tomaten
Für 1 Portion

250 g Kartoffeln, Salz	1 TL TK-Suppengrün
1 Stück Rinderfilet (125 g)	3 EL stückige Tomaten (Dose)
1 kleine Zwiebel	frisch gemahlener weißer Pfeffer
250 ml Rinderbrühe (instant)	1 TL TK-Petersilie

- Kartoffeln waschen, in grobe Würfel schneiden und in Salzwasser zugedeckt garen.
- Rindfleisch waschen, die Zwiebel abziehen. Beides in der Rinderbrühe aufkochen, zugedeckt 10 Minuten garen. Das Suppengrün zugeben und weitere 5 Minuten ziehen lassen.
- Fleisch herausnehmen und in Würfel schneiden. Die stückigen Tomaten in die Brühe geben.
- Kartoffeln abgießen, trockendämpfen und mit dem Fleisch in die Brühe geben. Petersilie darüber streuen.

Sesamkartoffeln
Für 1 Portion

200 g Kartoffeln, Salz	50 g Joghurt-Salatcreme
10 g ungeschälter Sesamsamen	(23 % Fett)
10 g Sonnenblumenöl	1 EL Kürbiskerne, gehackt

- Kartoffeln gründlich waschen, in Salzwasser zugedeckt garen, abgießen und trockendämpfen. Die Pelle sofort abziehen. Pellkartoffeln halbieren und rundum in Sesamsamen wälzen.
- Öl in einer beschichteten Pfanne erhitzen, darin die Kartoffeln bei mittlerer Hitze goldgelb braten.
- Kürbiskerne und Joghurt-Salatcreme verrühren und zu den Kartoffeln anrichten.

Baked Potatoes mit Quark und Kaviar

Für 1 Portion

2 Kartoffeln (300 g)

30 g deutscher Kaviar

100 g körniger Frischkäse (z. B. Jocca)

Tipp
Wer keinen Kaviar mag, darf die Kartoffeln um 50 g schwerer wählen.

- Den Backofen auf 200 °C (Umluft 180 °C, Gas Stufe 2 ½) vorheizen.
- Kartoffeln waschen, trockentupfen und in Alufolie wickeln. Im Backofen, auf dem Grillrost, mittlere Schiene, 60 Minuten backen.
- Die gebackenen Kartoffeln obenauf kreuzweise einritzen, die Folie aufbiegen und mit Frischkäse und Kaviar anrichten.

Gefüllte Ofenkartoffel

Für 1 Portion

2 große Kartoffeln (je 200g)	50 g Paprika-Peperoni-Aufstrich
1 TL Pflanzenöl	1–2 EL Mineralwasser
1 kleiner Stiel Bleichsellerie (100 g)	Salz, Cayennepfeffer
½ TL grüner Pfeffer, eingelegt	1 TL Schnittlauch (frisch oder TK)

Variante
Statt Bleichsellerie verwenden Sie 30 g Alfalfasprossen und 60 g Möhrenraspel.

- Den Backofen auf 220 °C (Umluft 200 °C, Gas Stufe 4 ½) vorheizen. Kartoffeln waschen, trockentupfen und jeweils in leicht geölte Alufolie wickeln. Auf dem Grillrost 70 Minuten garen.
- Bleichsellerie putzen, waschen und fein würfeln. Grünen Pfeffer leicht zerdrücken. Alles mit Paprika-Peperoni-Aufstrich, Mineralwasser und Gewürzen verrühren. Pikant würzen.
- Kartoffeln aus der Folie nehmen und aufbrechen. Die Füllung darauf verteilen, mit Schnittlauch bestreuen.

Rotweinkartoffeln

Für 1 Portion

200 g kleine Kartoffeln	5–6 schwarze Pfefferkörner
1 EL Pflanzenöl (z. B. von Biskin)	125 ml leichter trockener Rotwein
1 TL Koriander, gemahlen	Außerdem:
1 Msp. Anis, gemahlen	100 g gemischter Blattsalat in
Salz, frisch gemahlener schwarzer	einer dünnen Essig-Öl-Marinade
Pfeffer	

Variante
Zu Weißweinkartoffeln wird dieses Gericht, wenn Sie statt Rotwein Weißwein verwenden. Servieren Sie zu den Rotweinkartoffeln einen gemischten Blattsalat.

- Kartoffeln gründlich waschen und trockentupfen.
- Öl in einem Topf erhitzen, die Kartoffeln in der Schale und die Gewürze zugeben und unter Wenden etwa 5 Minuten rundherum anbraten. Mit Rotwein ablöschen, aufkochen und zugedeckt bei mittlerer Hitze etwa 20 Minuten garen.

Kartoffelwürfel auf Chicoréeblättern
Für 1 Portion

1 Chicorée (200 g)	etwas Cayennepfeffer
1 TL kernlose Rosinen	1 Msp. abgeriebene
1 EL Weinbrand	Orangenschale
200 g Kartoffeln	1 EL Parmesankäse, gerieben
1 kleiner Apfel	(20 g)
1 TL Butterschmalz	125 ml Fleischbrühe (instant)
Salz	½ TL Mandelblättchen
½ TL milder Curry	

- Chicorée waschen, das bittere Stielende keilförmig ausschneiden. 4 große äußere Blätter ablösen und beiseite legen. Restliche Blätter klein schneiden.
- Rosinen in Weinbrand einweichen. Kartoffeln schälen und würfeln. Apfel waschen, vierteln, entkernen und ebenfalls würfeln.
- Backofen auf 220 °C (Umluft 200 °C, Gas Stufe 4 ½) vorheizen.
- Vom Butterschmalz die Hälfte in einer beschichteten Pfanne erhitzen, Kartoffelwürfel darin unter Wenden anbraten. Apfel- und Chicoréestücke zufügen, mit Salz, Curry und Cayennepfeffer würzen und 8 Minuten zugedeckt dünsten. Die eingeweichten Rosinen, Orangenschale und etwas geriebenen Käse untermischen.
- Eine feuerfeste Form mit ganz wenig Butterschmalz einfetten. Jeweils 2 Chicoréeblätter nebeneinander setzen, mit der Kartoffelmischung füllen, mit Mandelblättchen und Käse bestreuen. Restliches Butterschmalz obenauf verteilen. Die Brühe angießen. Im vorgeheizten Backofen auf mittlerer Schiene etwa 10 Minuten überbacken.

Kartoffel-Skins mit Gurken-Eier-Creme

Für 1 Portion

1 große Kartoffel (200 g)	2 EL Kaffeesahne (30 % Fett)
1 Gewürzgurke	1 EL TK-Zwiebeln, gewürfelt
1 hartgekochtes Ei (Größe S)	Salz, Cayennepfeffer
100 g saure Sahne (10 % Fett)	1 TL TK-Dill, Rapsöl

Tipp
Ein Gericht auch für Gäste; dann sollten Sie die Menge entsprechend verdoppeln oder vervierfachen.

- Die Kartoffel waschen und schälen. Die geschälte Kartoffel rundum mit dem Sparschäler weiterhin schälen. Diese »Schalen« in etwa 5 bis 8 cm lange Stücke teilen. Den Rest der Kartoffeln in dünne Stifte schneiden. Die Kartoffelstücke trockentupfen und zugedeckt beiseite stellen.
- Gewürzgurke fein würfeln. Ei hacken. Alles mit saurer Sahne, Kaffeesahne, Zwiebelwürfeln, Gewürzen und Dill verrühren.
- Die Kartoffelstücke in erhitztem Rapsöl (bei 180 °C) goldgelb frittieren und mit dem Gurken-Eier-Creme anrichten.

Kartoffelgratin
Für 1 Portion

Variante
50 bis 70 g klein geschnittene
Austernpilze oder Champignons.

150 g Kartoffeln

Salz

½ TL TK-Zwiebeln, gewürfelt

½ TL TK-Knoblauch, gewürfelt

1 TL Butter

frisch gemahlener weißer Pfeffer

2 EL (30 g) Appenzeller Käse

(20 % F. i. Tr.)

⅛ l Kaffeesahne (10 % Fett) oder

fettarme Milch

- Kartoffeln schälen, waschen, in dünne Scheiben schneiden und in reichlich Salzwasser etwa 5 Minuten garen. Auf einem Sieb gut abtropfen lassen.
- Backofen auf 200 °C (Umluft 180 °C, Gas Stufe 3 ½) vorheizen.
- Zwiebeln und Knoblauch fein zerdrücken, mit der Butter verkneten und mit ½ Teelöffel dieser Knoblauchbutter eine feuerfeste Form einfetten. Die Kartoffelscheiben darin verteilen, zwischendurch mit Salz, Pfeffer und etwas Käse bestreuen.
- Kaffeesahne oder Milch und restlichen Käse verrühren und über die Kartoffeln gießen.
- Das Gratin im vorgeheizten Backofen auf mittlerer Schiene 20 Minuten überbacken.
- 5 Minuten vor Ende der Garzeit restliche Buttermischung in Flöckchen darüber verteilen.

Béchamelkartoffeln
Für 2 Portionen

Tipp
Wenn Sie diese Menge für eine
Person kochen, können Sie die
zweite Portion am nächsten
Tag im Wasserbad erwärmen.

500 g Kartoffeln, Salz

30 g durchwachsener Speck

1 TL Butterschmalz

1 EL TK-Zwiebeln, gewürfelt

1 EL Mehl (20 g)

125 ml Fleischbrühe (instant)

125 ml Kaffeesahne (10 % Fett)

frisch gemahlener weißer Pfeffer

geriebene Muskatnuss

2–3 EL Petersilie (frisch oder TK)

- Kartoffeln gründlich waschen und in der Schale in Salzwasser garen.
- Speck fein würfeln und in heißem Butterschmalz auslassen. Die Zwiebelwürfel zugeben. Mehl darüber stäuben, gut verrühren, mit Fleischbrühe und Sahne ablöschen und etwa 5 Minuten unter Rühren kochen lassen. Den Topf vom Herd nehmen. Mit Pfeffer und Muskatnuss würzen.
- Kartoffeln abgießen, trockendämpfen, sofort pellen und in Scheiben schneiden. Kartoffelscheiben mit der Sauce und der Petersilie vorsichtig mischen.

Variante
Wer die Speck- und Zwiebelwürfel nicht mag, kann die Sauce durch ein Sieb geben. Außerdem: statt Petersilie frische Majoranblättchen verwenden.

Himmel und Erde

Für 2 Portionen

500 g Kartoffeln	frisch gemahlener weißer Pfeffer
Salz	125 g durchwachsener Speck
500 g Äpfel (Jamba oder Boskop)	2 Zwiebeln

- Kartoffeln schälen, waschen und klein schneiden, in Salzwasser garen. Die Äpfel schälen, waschen, achteln, entkernen. Apfelstücke zu den Kartoffeln geben und 15 Minuten zugedeckt mitgaren.
- Kartoffel- und Apfelstücke grob zerstampfen und mit Salz und Pfeffer würzen. Speck würfeln und in einer Pfanne auslassen. Die Zwiebelwürfel zufügen, noch 2 Minuten im Speckfett goldgelb werden lassen.
- Die Apfel-Kartoffeln mit der Speck-Zwiebel-Mischung auf einem Teller anrichten.

Übrigens

Dieses Gericht wird im Rheinland »Himmel un Ääd med Bloodwoosch« genannt, denn dort gehört Blut- oder Leberwurst als Beilage dazu.

Hamburger Pfannfisch

Für 2 Portionen

500 g Kartoffeln, Salz	Senf
1 EL Butterschmalz	½ TL Dijonsenf
250 g Kabeljau- oder Dorschfilet	3 EL Schmand, Pfeffer
knapp ⅛ l heißes Wasser	2 EL gehackte Petersilie (frisch
2 EL mittelscharfer, grobkörniger	oder TK)

- Kartoffeln waschen und in der Schale in Salzwasser zugedeckt garen. Abgießen, trockendämpfen, sofort pellen und in Scheiben schneiden.
- Butterschmalz in einer Pfanne erhitzen, die Kartoffelscheiben darin unter Wenden hellgelb anbraten.

Tipp

Die Kartoffelscheiben sollten hierfür eher blass sein als goldgelbe Kanten haben.

Für diese Doppelportion entweder einen Gast einladen oder, wenn Sie es selbst essen, dafür die beiden Zwischenmahlzeiten (Imbiss) weglassen.

- Fisch trockentupfen, in Würfel schneiden, zu den Kartoffeln geben und zugedeckt 2 Minuten dünsten. Wasser, Senf und Schmand verrühren und über die Kartoffel-Fisch-Masse geben. Mit Salz und Pfeffer würzen, vorsichtig wenden. 10 Minuten zugedeckt ziehen lassen.
- Zum Anrichten mit gehackter Petersilie bestreuen.

Rahmkartoffeln mit Pfifferlingen

Für 1 Portion

375 g Kartoffeln	1 TL Halbfettbutter oder
Salz	-margarine
75 g kleine Pfifferlinge (frisch, TK	50 ml Kaffeesahne (10 % Fett)
oder Dose)	frisch gemahlener weißer Pfeffer
25 g Katenschinken	1 TL TK-Petersilie
1 TL TK-Zwiebeln, gewürfelt	1 TL TK-Schnittlauch

Variante
Statt Pfifferlinge können Sie auch Stockschwämmchen (Glas) oder Champignons verwenden.

- Kartoffeln schälen, waschen, klein schneiden und in Salzwasser 8 Minuten garen, abgießen und gut abtropfen lassen.
- Pilze trocken abtupfen. Den Schinken in Streifen schneiden.
- Halbfettbutter schmelzen, Zwiebelwürfel darin 3 Minuten zugedeckt dünsten. Kartoffelwürfel und Pilze zufügen, Sahne zugießen und alles 5 Minuten zugedeckt köcheln lassen. Mit Salz und Pfeffer würzen. Die Schinkenstreifen unterheben.
- Zum Anrichten die Rahmkartoffeln mit Kräutern bestreuen.

Tortilla

Für 1 Portion

150 g Kartoffeln	frisch gemahlener weißer Pfeffer
1 EL Olivenöl	50 g Schmelzkäse Tomate-Paprika
1 EL TK-Zwiebeln, gewürfelt	(20 % F. i. Tr.)
1 kleine getrocknete Chilischote	1 Ei (Größe M)
Salz	3–4 EL Wasser

Tipp

1 bis 2 Frühlingszwiebeln aus dem Asienladen (die sind besonders klein) in kleine Ringe geschnitten verwenden, oder 1 kleine in Scheiben geschnittne Zucchini (140 g).

- Kartoffeln schälen, waschen und in Scheiben schneiden.
- Olivenöl in einer Pfanne erhitzen, die Kartoffelscheiben gleichmäßig darin verteilen, die Zwiebelwürfel und zerkrümelte Chilischote zugeben, mit Salz und Pfeffer bestreuen und zugedeckt bei mittlerer Hitze etwa 15 Minuten dünsten.
- Schmelzkäse, Wasser und Eier verrühren, mit einer Prise Salz und Pfeffer würzen. Die Mischung über die Kartoffeln gießen und bei kleiner Hitze etwa 7 Minuten stocken lassen.
- Die Tortilla auf einen großen Topfdeckel gleiten lassen, umgedreht in die Pfanne geben. Noch 5 Minuten stocken lassen.

Rosmarinkartoffeln

Für 2 Portionen

440 g kleine Kartoffeln (möglichst Frühkartoffeln), Salz	40 ml Olivenöl
	2–3 kleine Rosmarinzweige

- Kartoffeln waschen, in der Schale in Salzwasser garen. Kartoffeln abgießen, trockendämpfen, pellen und längs halbieren.
- Öl in einer Pfanne erhitzen, Kartoffeln und Rosmarinzweige zugeben und goldgelb braten. Mit Salz und Pfeffer bestreuen. Mit einem kleinen Salat servieren.

Kartoffelcreme mit Mandeln

Für 1 Portion

200 g Kartoffeln	1 Stück Salatgurke (120 g)
Salz	2 EL Dill (frisch oder TK)
35 g gehackte Mandeln	frisch gemahlener weißer Pfeffer
1 TL Butter	geriebene Muskatnuss

Tipp
Diese Mischung können Sie pur warm essen oder als Aufstrich auf getoastetem Brot. Hält sich gut verpackt im Kühlschrank 2 Tage.

- Kartoffeln waschen und in der Schale in Salzwasser garen.
- Mandeln in einer Pfanne in der Hälfte der Butter hellbraun rösten, aus der Pfanne nehmen und auskühlen lassen.
- Salatgurke schälen, halbieren, die Kerne entfernen und die Gurkenstücke in kleine Würfel schneiden.
- Kartoffeln abgießen, trockendämpfen, abziehen und mit restlicher Butter zerstampfen. Die Mandeln, die Gurkenwürfel und den Dill unterrühren. Mit Salz, Pfeffer und Muskatnuss würzen.

Kartoffel-Kräuter-Püree

Für 1 Portion

200 g Kartoffeln	½ TL TK-Zwiebeln, gewürfelt
Salz	½ TL TK-Knoblauch, gewürfelt
25 ml fettarme Milch (1,5 % Fett)	2 EL Olivenöl
25 ml Kaffeesahne (10 % Fett)	5 Tropfen Zitronensaft oder weißer
2 Zweige glatte Petersilie	Balsamessig
1 Zweig Salbei	frisch gemahlener weißer Pfeffer

- Kartoffeln schälen, waschen, würfeln und in Salzwasser garen.
- Kräuter abbrausen, trockenschwenken. Milch und Sahne aufkochen. Jeweils einen Zweig Petersilie und 3 Salbeiblätter zugeben.
- Zwiebeln und Knoblauch fein zerdrücken. Restliche Salbei- und

Petersilienblätter fein hacken, mit Olivenöl verrühren, mit Zitronensaft oder Balsamessig, Salz und Pfeffer würzen und warm stellen.

- Kartoffeln abgießen, trockendämpfen, in die Kräutermilch geben, zerstampfen und zu einem groben Püree verrühren. Mit Salz und Pfeffer würzen.
- Das Kräuter-Kartoffel-Püree anrichten und mit dem Kräuter-Zitronen-Öl begießen.

Kartoffeln mit Oreganokruste

Für 1 Portion

300 g längliche Kartoffeln	50 g Crème fraîche (30 % Fett)
(möglichst Frühkartoffeln)	30 g Edamer-Käse, gerieben (10 %
Salz	F. i. Tr.)
3–4 Stiele Oregano	Streuwürze (z. B. von Maggi)

- Backofen auf 220 °C (Umluft 200 °C, Gas Stufe 4 ½) vorheizen.
- Kartoffeln waschen und in der Schale in Salzwasser garen. Kartoffeln abgießen, trockendämpfen, längs halbieren, mit einem Esslöffel jeweils etwas aushöhlen und das Innere in kleine Würfel schneiden.
- Oreganostiele abbrausen, trockentupfen, die Blättchen grob schneiden und mit Crème fraîche und Edamer-Käse verrühren. Die Kartoffelwürfel und Oreganoblättchen unterheben und mit Streuwürze würzen.
- Kartoffeln auf ein mit Backpapier ausgelegtes Backblech setzen, die Füllung in die Vertiefung der Kartoffeln geben. Im vorgeheizten Backofen mittlere Schiene etwa 10 bis 12 Minuten überbacken.

Zitronenhähnchen mit Kartoffeln

Für 2 Portionen

1 kleine Dose Kartoffeln pur (360 g Abtropfgewicht)	1 Hähnchenbrustfilet (220 g)
	1 Hähnchenkeule (200 g)
1 EL Pflanzencreme	1 unbehandelte Zitrone
1 kleine rote Zwiebel	1 TL Kräuter der Provence

Tipp

Ganze Knoblauchzehe mit Schale zwischen die Hähnchenteile setzen; zum Anrichten auf die Knoblauchschale drücken, das entstandene Püree herausdrücken und auf dem Hähnchenfleisch verteilen.

- Kartoffelscheiben auf einem Sieb abtropfen lassen. Die Zwiebel abziehen und achteln. Eine feuerfeste Form mit etwas Pflanzencreme ausstreichen. Hähnchenteile abspülen und trockentupfen und mit den Kartoffelscheiben in der Form verteilen.
- Backofen auf 200 °C (Umluft 180 °C, Gas Stufe 3 ½) vorheizen.
- Zitrone halbieren, aus einer Hälfte den Saft auspressen, die andere Hälfte in Scheiben schneiden. Mit dem Saft die Hähnchenteile beträufeln. Die Zitronenscheiben obenauf legen.
- Alles mit restlicher Pflanzencreme beträufeln und im vorgeheizten Backofen auf mittlerer Schiene etwa 25 bis 30 Minuten garen.

Variationen

Kartoffelbrei können Sie immer wieder anders servieren. Hier ein paar Variationsmöglichkeiten durch Zugabe von jeweils pro Portion:
- **2 EL gehackte Kräuter**
- **3 EL Röstzwiebeln**
- **2 EL geriebener Käse (45 % F. i. Tr.)**
- **1 Schächtelchen Kresse**
- **3 EL Tomatenketchup**
- **3 EL geröstete Sonnenblumenkerne**
- **1 EL geriebener Meerrettich oder**
- **100 g gedünstete Champignons**

Kartoffelpüree-Varationen

375 ml Wasser	20 g Butter
½ TL Salz	1 Beutel Flockenpüree (z. B. von
⅛ l kalte Milch	Maggi)

- Das Wasser und Salz in einem Topf aufkochen lassen.
- Den Topf von der Kochstelle nehmen, kalte Milch und Butter zugeben. Das Flockenpüree mit einem Kochlöffel einrühren. Etwa 1 Minute quellen lassen und noch einmal umrühren.

Scampi-Spieße auf Kartoffel-Dill-Püree

Für 1 Portion

4 Scampi in der Schale	frisch gemahlener weißer Pfeffer
300 g kleine Austernpilze	180 ml Wasser
1 ½ EL Maiskeimöl	7 EL Kartoffelpüreeflocken mit
1 TL TK-Knoblauch, gewürfelt	Milch (35 g)
1 EL Zitronensaft	1 EL TK-Dill
Salz	

- Die Scampi unter fließendem Wasser waschen und trockentupfen. Auf einen Spieß stecken. Den Grill vorheizen.
- Austernpilze putzen, dicke Stiele entfernen. Öl in einer beschichteten Pfanne erhitzen, die Pilze zufügen, Knoblauch und etwas Zitronensaft darüber geben. Zugedeckt bei mittlerer Hitze dünsten. Mit Salz und Pfeffer würzen.
- Scampispieße auf einer Grillpfanne mit Zitronensaft beträufeln und unter dem vorgeheizten Grill 3 bis 5 Minuten grillen.
- Wasser in einem Topf zugedeckt erhitzen, den Topf vom Herd nehmen, Püreeflocken zugeben, kurz einrühren und Dill unterrühren.

- Die Scampi zu den Austernpilze und dem Kartoffel-Dill-Püree anrichten.

Käse-Kartoffel-Klöße mit Paprikasauce
Für 1 Portion

1 EL TK-Erbsen	60 g Kloßpulver aus einer Packung
1 kleine Frühlingszwiebel	Gekochte Knödel (z. B. von Pfanni)
1 TL TK-Petersilie	1/8 l Wasser
40 g Doppelrahmfrischkäse mit	1 rote Paprikaschote (150 g)
Kräutern	1 EL Keimöl
1 TL Zitronensaft	1/4 TL Gemüse-Kraftbouillon
Salz	Cayennepfeffer, Curry,
frisch gemahlener weißer Pfeffer	Muskatnuss, Zucker

- Erbsen auftauen lassen. Frühlingszwiebel putzen, waschen und in feine Ringe schneiden. Alles mit Petersilie und Doppelrahmfrischkäse verrühren. Mit Zitronensaft, Salz und Pfeffer würzen.
- Kloßpulver mit dem Schneebesen in kaltes Wasser einrühren und 5 Minuten quellen lassen. Aus dem Teig mit angefeuchteten Händen 2 Klöße formen und in die Mitte etwa 1 EL Frischkäse geben. In reichlich kochendem Salzwasser bei schwacher Hitze 20 Minuten ziehen lassen.
- Paprikaschote waschen, halbieren, Stiel und Kerne entfernen. Die Paprikaschotenhälften in Keimöl anbraten, 25 ml (1 1/2 EL) Wasser dazugießen, Gemüse-Kraftbouillon einstreuen und zugedeckt 10 bis 15 Minuten weich dünsten. Alles durch ein Sieb streichen. Die Sauce mit je 1 Prise Cayennepfeffer, Curry, Muskat und Zucker, eventuell mit Salz und Pfeffer würzen. Die Paprikasauce zu den Frischkäse-Kräuter-Klößchen anrichten.

Tomaten-Käse-Knödel

Für 1 Portion

Variante
Statt Pinienkerne nehmen Sie
Mandelblättchen oder Sonnen-
blumenkerne.

60 g Kloßpulver einer Packung Knödel halb & halb (z. B. von Pfanni)	50 g Feldsalat
	1 ½ EL Rotweinessig
25 g Parmesankäse, gerieben	Salz
125 ml (⅛ l) Wasser	frisch gemahlener weißer Pfeffer
3 kleine Cocktailtomaten	2 TL Maiskeimöl
1 TL Pinienkerne (5 g)	einige Basilikumblätter

- Kloßpulver mit dem Parmesankäse in das kalte Wasser rühren und 10 Minuten quellen lassen.
- Tomaten waschen und trockentupfen. Aus dem Kloßteig drei Klöße formen, dabei in die Mitte je eine Tomate setzen und mit dem Teig einschließen.
- Klöße in reichlich heißem Salzwasser bei schwacher Hitze etwa 20 Minuten ziehen lassen.
- Pinienkerne in einer beschichteten Pfanne ohne Fett goldgelb rösten.
- Feldsalat putzen, abbrausen, trockenschwenken. Rotweinessig, Salz, Pfeffer und Öl verrühren, mit dem Feldsalat mischen. Die Knödel mit dem Feldsalat anrichten und mit Basilikumblättern garnieren.

Kartoffelpuffer
Für 6 Stück (2 Portionen)

1/4 l Wasser	200 g gezuckertes Apfelkompott
1/2 Packung Kartoffelpuffer (82 g)	(Glas)
3 EL Fett zum Braten	

- Wasser in eine Schüssel gießen, das Pulver für Kartoffelpuffer einrühren und 10 Minuten quellen lassen.
- Das Fett in einer beschichteten Pfanne erhitzen. Pro Puffer 2 Esslöffel Teig hineingeben, flach ausstreichen und wenden, wenn sich ein goldbrauner Rand gebildet hat.
- Die Kartoffelpuffer mit Apfelkompott anrichten.

Kartoffelpuffer mit Räucherlachs und Kräuterquark
Für 1 Portion

170 ml Wasser	50 g Kräuterquark (10 % Fett)
55 g Kartoffelpufferpulver	3 EL Mineralwasser
2 EL Pflanzencreme zum Braten	1 TL TK-Salatkräuter
(25 g)	1 Scheibe Räucherlachs (50 g)

- Wasser in eine Schüssel gießen, den Inhalt der Packung einrühren und 10 Minuten quellen lassen.
- Fett in einer beschichteten Pfanne erhitzen. Für 3 Puffer jeweils etwa 2 Esslöffel Teig in die Pfanne geben, flach ausstreichen und wenden, wenn sich ein goldbrauner Rand gebildet hat. Die fertigen Puffer warm stellen.
- Kräuterquark, Mineralwasser und Salatkräuter verrühren.
- Die Puffer mit dem Räucherlachs und dem Kräuter-Joghurt anrichten.

Tipp
Den geöffneten Becher Pesto
alla Siciliana können Sie mit
Alufolie verschließen und
2 Tage im Gemüsefach auf-
bewahren. Kochen Sie 1 bis 2
Salzkartoffeln und richten das
erwärmte Pesto dazu an. Auch
die restlichen Gnocchi können
Sie mit einem Teelöffel zer-
lassener Butter und Zwiebel-
ringen als Mahlzeit anrichten.

Gnocchi mit Pesto alla Siciliana

Für 1 Portion

20 ml Pesto alla Siciliana (Becher,
aus dem Frischeregal)
1 TL Parmesankäse, gerieben
125 g TK-Garnelen
3 EL Wasser

1 TL TK-Zwiebeln, gewürfelt
125 g Gnocchi di patate (aus dem
Kühlregal)
einige Basilikumblätter

- Den Inhalt des Bechers Pesto alla Siciliana und Parmesankäse
  verrühren und erhitzen.
- Die Garnelen auftauen lassen.
- Wasser und Zwiebelwürfel in eine beschichtete Pfanne geben,
  Garnelen zugeben, zugedeckt etwa 3 Minuten dünsten.
- Gnocchi di patate in kochendes Salzwasser geben und darin
  5 Minuten gar ziehen lassen. Gnocchi aus dem Wasser heraus-
  nehmen, gut abtropfen lassen.
- Die Garnelen auf den Gnocchi anrichten und nach Belieben mit
  Basilikumblättern garnieren.

Gnocchi mit Gorgonzola-Sauce

Für 1 Portion

125 ml fettarme Milch
(1,5 % Fett)
30 g Gorgonzola
2 TL Parmesankäse (16 g)
Salz

frisch gemahlener weißer Pfeffer
3 Stiele Basilikum
125 g gefüllte Gnocchi con Funghi
(mit Pilzen; aus dem Frischeregal)

- Milch in einem kleinen Topf erwärmen, Gorgonzola zugeben
  und darin schmelzen lassen. Parmesankäse unterrühren und
  ebenfalls auflösen. Mit Salz und Pfeffer würzen.

- Basilikum abbrausen, trockenschwenken und die Blätter klein schneiden.
- Die Gnocchi con Funghi in kochendes Salzwasser geben und darin 5 Minuten gar ziehen lassen, aus dem Wasser herausnehmen, gut abtropfen lassen und mit der Gorgonzolasauce und Basilikumblättern anrichten.

Kräuterkartoffeln mit grünen Bohnen und Matjes
Für 1 Portion

200 g Kartoffeln	1 Zweig Bohnenkraut
Kräutersalz	1 kleiner Apfel
100 g TK-Brechbohnen	1 EL TK-Zwiebeln, gewürfelt
Salz	1 Matjesfilet (65 g)

- Die Kartoffeln waschen und in der Schale in Wasser aufsetzen, mit Kräutersalz bestreuen und zugedeckt garen. Die Kartoffeln abgießen, trockendämpfen, pellen und warm stellen.
- Brechbohnen in wenig Salzwasser mit dem Bohnenkraut garen, abgießen, dabei etwas Kochwasser auffangen. Den Bohnenkrautstiel entfernen.
- Apfel waschen, vierteln, das Kerngehäuse entfernen, die Apfelstücke in Scheiben schneiden.
- Zwiebeln im aufgefangenen Kochwasser 3 Minuten dünsten, Apfelstücke dazugeben und zugedeckt weitere 3 Minuten dünsten.
- Pellkartoffeln mit dem Matjesfilet, den Apfelscheiben und den Bohnen anrichten.

Kartoffelburger
Für 1 Portion

1 große Kartoffel (200 g)	Feldsalat)
Salz	3 Scheiben Salatgurke
1 EL saure Sahne (10 % Fett)	2 Tomatenscheiben
2 Salatblätter (Frisée- oder	1 Bismarckhering (80 g)

Tipp
Statt Bismarckhering: 2 kleine Nürnberger Würstchen oder 1 kleine Frikadelle (aus 75 g gewürztem Tatar).

- Kartoffel gründlich waschen und in der Schale in Salzwasser garen, abgießen und trockendämpfen.

70

- Kartoffel längs halbieren. Die untere Kartoffelhälfte mit saurer Sahne bestreichen, darauf die Salatblätter, Gurken- und Tomatenscheiben und den Bismarckhering legen. Mit der oberen Kartoffelhälfte bedecken.

Alternative
Sie können die Kartoffel auch in Alufolie wickeln und im Backofen bei 200 °C (Umluft 180 °C, Gas Stufe 3 ½) etwa 60 Minuten backen.

Gedünsteter Fisch mit Gemüsesauce und Pellkartoffeln

Für 1 Portion

200 g Kartoffeln

Salz

1 Tasse Wasser

3 weiße Pfefferkörner

1 kleines Lorbeerblatt

2 Zitronenscheiben

200 g Fischfilet (Kabeljau oder Seelachs)

1 Stück Salat- oder Frühstücksgurke (100 g)

1 TL Maiskeimöl (5 g)

3 EL stückige Tomaten (Packung oder Dose)

1 TL gemischte Kräuter (frisch oder TK)

- Kartoffeln waschen und in der Schale in Salzwasser garen, abgießen, trockendämpfen und pellen.
- Wasser, Salz, Pfefferkörner, Lorbeerblatt und Zitronenscheiben zugedeckt aufkochen. Den Fisch hineinlegen und zugedeckt 5 bis 6 Minuten ziehen lassen.
- Gurke waschen, trockentupfen und würfeln. Maiskeimöl erhitzen, die Gurkenwürfel darin glasig werden lassen, Tomaten zufügen, 5 Minuten köcheln lassen. Die Kräuter einrühren.
- Fischfilet herausheben, abtropfen lassen und mit der Gemüsesauce und den Pellkartoffeln anrichten.

Zanderfilet mit Kartoffelkruste

Für 1 Portion

3 EL Pflanzencreme (30 ml)	frisch gemahlener weißer Pfeffer
1/2 EL TK-Zwiebeln, gewürfelt	4 Stiele Kerbel
1/2 EL TK-Knoblauch, gewürfelt	4 EL Kaffeesahne (10 % Fett)
75 ml Fischfond (Glas)	1/4 TL Saucenbinder, hell
50 ml Weißwein	100 g Kartoffeln
Salz	1 Zanderfilet mit Haut (150 g)

- Den Backofen auf 200 °C (Umluft 180 °C, Gas Stufe 3 1/2) vorheizen.
- 2 Esslöffel Pflanzencreme erhitzen. Zwiebeln und Knoblauch darin andünsten. Mit Fischfond und Weißwein ablöschen, mit Salz und Pfeffer würzen.
- Kerbel abbrausen, trockenschwenken, Blättchen von den Stielen zupfen und fein schneiden. Kerbel und Kaffeesahne zur Sauce geben und mit Saucenbinder sämig abbinden.
- Kartoffeln schälen, waschen, in feine Scheiben schneiden und in kochendem Salzwasser etwa 3 Minuten vorgaren, herausnehmen und gut abtropfen lassen.
- Fischfilet abbrausen und trockentupfen. Eine feuerfeste Form mit etwas Pflanzencreme auspinseln, das Fischfilet mit der Hautseite nach unten hineinsetzen, darauf die Kartoffelscheiben schuppenartig verteilen. Mit restlicher Pflanzencreme beträufeln. Im vorgeheizten Backofen auf mittlerer Schiene etwa 10 bis 12 Minuten backen. Die Kartoffelscheiben dürfen leicht goldgelb werden.
- Das Fischfilet mit der Kerbelsauce anrichten.

Lachs mit Petersilienkartoffeln

Für 1 Portion

150 g Kartoffeln	75 g frisches Lachsfilet
1 kleine Petersilienwurzel (20 g)	4 Stiele Blattpetersilie
1 Möhre (100 g)	1 TL Olivenöl
100 ml dünne Gemüsebrühe	3 Tropfen Zitronensaft

- Kartoffeln, Petersilienwurzel und Möhre schälen, waschen und kleinschneiden.Inder Brühe zugedeckt 8 bis 10 Minuten garen. 5 Minuten vor Ende der Garzeit das Lachsfilet darauf setzen.
- Sobald Kartoffeln und das Gemüse gar sind, den Lachs herunternehmen und warm stellen. Das Gemüse abgießen, dabei das Kochwasser auffangen.
- Petersilie waschen, trockenschwenken, fein schneiden. Das Kochwasser zufügen, Olivenöl und Zitronensaft einrühren, mit Pfeffer würzen. Mit Kartoffeln, Gemüse und Lachs anrichten. Die Petersilien-Zitronen-Sauce darüber geben.

Kartoffel-Zwiebel-Auflauf

Für 1 Portion

200 g Kartoffeln, Salz	Pfeffer, geriebene Muskatnuss
3 Frühlingszwiebeln (50 g)	1 EL TK-Schnittlauch
Ei (Größe M)	1 TL Butterschmalz (5 g)
3 EL Gemüsebrühe (instant)	1 ½ EL (30 g) Gouda-Käse,
2 EL Kaffeesahne (10 % Fett)	gerieben (30 % F. i. Tr.)

Tipp

Sie können die Kartoffeln auch in der Schale garen, pellen und in Scheiben schneiden. In dem Butterschmalz in der Pfanne etwa 6 bis 8 Minuten braten und dann in die Auflaufform einschichten.

- Backofen auf 200 °C (Umluft 180 °C, Gast Stufe 3 ½) vorheizen.
- Kartoffeln schälen, waschen, in feine Scheiben schneiden und in kochendem Salzwasser etwa 3 Minuten vorgaren, herausnehmen und gut abtropfen lassen.

- Frühlingszwiebeln waschen und in dünne Ringe schneiden.
- Ei mit Brühe, Sahne, Gewürzen und Schnittlauch verrühren.
- Eine feuerfeste Form mit etwas Butterschmalz einfetten. Die Kartoffelscheiben und Frühlingszwiebelringe schichtweise in die Form geben. Eiermilch und Käse darüber verteilen.
- Den Auflauf im vorgeheizten Backofen auf der 2. Schiene von unten 15 Minuten backen.

Kartoffeln mit Linsengemüse
Für 1 Portion

300 g Kartoffeln, Salz	1 TL Kräuteressig
3 Frühlingszwiebeln	etwas Selleriesalz
100 g Linsen mit Suppengrün (aus	frisch gemahlener weißer Pfeffer
einer Dose mit 530 g	1 EL Pflanzencreme zum Braten
Abtropfgewicht)	2 EL Schmand
½ Tasse Gemüsebrühe (instant)	1 TL TK-Petersilie

- Kartoffel waschen und in der Schale in Salzwasser zugedeckt garen. Kartoffeln abgießen, trockendämpfen, pellen und in Scheiben schneiden.
- Frühlingszwiebeln waschen, halbieren und in der Gemüsebrühe 3 Minuten zugedeckt ziehen lassen. Herausnehmen, in breite Stücke schneiden und warm stellen.
- Linsen in der Gemüsebrühe erhitzen. Mit Kräuteressig, Selleriesalz und Pfeffer würzen.
- Pflanzencreme in einer beschichteten Pfanne erhitzen und die Kartoffelscheiben darin unter Wenden erhitzen.
- Linsengemüse aus der Brühe heben, abtropfen und mit den Frühlingszwiebeln mischen, auf einen Teller geben. Schmand und Petersilie darauf verteilen. Die Kartoffeln dazu anrichten.

Bratkartoffeln, Spinat und Ei

Für 1 Portion

300 g kleine Kartoffeln (möglichst Frühkartoffeln)	3–4 EL Gemüsebrühe (instant) frisch gemahlener weißer Pfeffer
Salz, 250 g Blattspinat	1 TL Sonnenblumenkerne
½ TL TK-Zwiebeln, gewürfelt	1 EL Pflanzencreme zum Braten
½ TL TK-Knoblauch, gewürfelt	1 wachsweich gekochtes Ei (Gr. M)

- Kartoffeln gründlich waschen und in der Schale in Salzwasser zugedeckt garen. Kartoffeln abgießen, trockendämpfen und mit der Schale in Würfel schneiden.
- Spinat putzen, abbrausen. Zwiebeln und Knoblauch in der Brühe erhitzen, den Spinat zugeben, mit Pfeffer bestreuen und etwa 10 Minuten dünsten. Die Sonnenblumenkerne darüber geben.
- Pflanzencreme in einer Pfanne erhitzen, die Kartoffelwürfel darin unter Wenden braten. Mit Spinat und dem Ei anrichten.

Kartoffelomelette mit Radieschengemüse

Für 1 Portion

125 g Kartoffeln	2 EL Pflanzencreme
50 g Weichkäse mit pikantem Blauschimmel (z. B. Prachtstück von Bresso)	125 g Strauchtomaten
	25 g Radieschensprossen
	frisch gemahlener weißer
1 Ei (Größe M)	Pfeffer
2 TL TK-Petersilie	

- Kartoffeln schälen, waschen und fein reiben. Den Weichkäse entrinden und fein würfeln. Das Ei schaumig schlagen und mit den Kartoffelraspeln, Käse und 1 TL Petersilie verrühren.
- 1 EL Pflanzencreme in einer Pfanne erhitzen. Die Kartoffel-

Ei-Masse hineingeben und bei kleiner Hitze zugedeckt etwa 10 Minuten stocken lassen, bis das Omelette fest ist.

- Strauchtomaten waschen, halbieren und in Würfel schneiden. Die Radieschensprossen abbrausen und trockenschwenken.
- Restliche Pflanzencreme erhitzen, die Tomaten darin andünsten. Pfanne vom Herd nehmen, dann Radieschensprossen und restliche Petersilie unterheben. Mit Pfeffer würzen.
- Das Omelette mit dem Tomaten-Radieschen-Gemüse anrichten.

Kartoffelauflauf mit Gemüse

Für 2 Portionen

70 g Frühlingszwiebeln	Kräuter-Schmarrn
70 g Möhren, 150 ml Milch	etwas Fett für 4 Förmchen
1 Ei (Größe M)	1 Beutel Zitronen-Butter-Sauce
1 Beutel Herzhafte Schmankerln	2 EL gemischte Kräuter

- Backofen auf 200 °C (Umluft 180 °C, Gas Stufe 3 ½) vorheizen.
- Frühlingszwiebeln waschen, trockentupfen und in feine Ringe schneiden. Möhren schälen, waschen, fein reiben. Milch, Ei und Gemüse in eine Schüssel geben. Den Beutelinhalt Kräuter-Schmarrn einrühren.
- 4 Portionsförmchen (Durchmesser 7 cm) am Boden mit Pergamentpapier auslegen und danach etwas einfetten. Die Masse gleichmäßig in die Förmchen verteilen und in eine mit Wasser gefüllte Fettpfanne setzen. Im vorgeheizten Backofen auf der 2. Schiene von unten etwa 25 bis 30 Minuten backen.
- Zitronen-Butter-Sauce in ½ Liter kaltem Wasser einrühren, unter Rühren aufkochen und bei schwacher Hitze 1 Minute kochen. Kräuter untermischen. Aufläufe aus dem Förmchen nehmen und auf Tellern anrichten. Die Sauce dazu servieren.

Zwetschgenknödel
Für 1 Portion

60 g Kloßpulver Knödel halb & halb (z. B. von Maggi)	4 Stücke Würfelzucker (je 2,5 g)
	1 Prise Salz
¼ l kaltes Wasser	15 g Butter
4 kleine Zwetschgen	1 TL Semmelbrösel

Tipp
Sie dürfen die Knödel mit einer Prise Zimt-Zucker würzen.

- Kloßpulver in Wasser einrühren und 10 Minuten quellen lassen.
- Zwetschgen waschen, halb einschneiden, entsteinen und mit je einem Zuckerwürfel füllen. Aus dem Teig 4 Knödel formen, in die Mitte je 1 Zwetschge setzen und mit dem Teig verschließen.
- Salzwasser aufkochen, die Knödel hineingeben und bei geringer Hitze etwa 20 Minuten gar ziehen lassen.
- In einer kleinen Pfanne die Butter erhitzen, Semmelbrösel zufügen. Die Zwetschgenknödel mit der Bröselbutter anrichten.

Kartoffelplätzchen mit Früchten
Für 1 Portion

1 Tasse Salzwasser	3 EL Semmelbrösel
50 ml Milch	1 EL Butterschmalz
7 EL Kartoffelpüreeflocken	150 g TK-Erdbeeren, 1 TL Honig

- Salzwasser zum Kochen bringen. Die Milch zugießen und Püreeflocken einrühren. Das Kartoffelpüree abkühlen lassen, daraus kleine Plätzchen formen und in Semmelbröseln wenden.
- Butterschmalz in einer beschichteten Pfanne erhitzen, die Plätzchen darin bei mittlerer Hitze von beiden Seiten etwa jeweils 3 Minuten goldgelb braten.
- Erdbeeren und Honig erhitzen, zugedeckt 3 Minuten dünsten. Mit den Kartoffelplätzchen anrichten.

Kleine Kartoffelgerichte: Suppen und Salate

Kartoffelsuppen

Kartoffel-Gurken-Suppe (300 kcal)

Für 1 Portion

80 g Kartoffeln	40 g Frischkäse Kräuter der
100 g Salatgurke	Provence (z. B. von Bresso)
1 TL Margarine	1 EL TK-Kräuter der Provence
1 TL TK-Zwiebeln, gewürfelt	½ Scheibe Toastbrot
125 ml Rinderbrühe (instant)	1 EL Schmand

Tipp
Statt der Toastbrotwürfel können Sie auch 1 TL Croutinos (Fertigprodukt) verwenden.

- Kartoffeln schälen, waschen und würfeln. Salatgurke waschen, halbieren, die Kerne entfernen und die Gurke würfeln.
- Margarine erhitzen, die Zwiebel- und Kartoffelwürfel zufügen und glasig werden lassen. Mit Brühe aufgießen und 15 Minuten köcheln lassen. Gurkenwürfel 5 Minuten vor Ende der Garzeit zugeben. Frischkäse und Kräuter der Provence einrühren.
- Toastbrot würfeln und in einer beschichteten Pfanne ohne Fett bräunen. Mit dem Schmand auf die Suppe geben.

Kartoffelsuppe mit Sauerkraut (200 kcal)

Für 1 Portion

150 g Kartoffeln

250 ml Gemüsebrühe (instant)

100 g Sauerkraut (aus der Dose)

1 EL TK-Zwiebeln, gewürfelt

1 Scheibe magerer gekochter
Schinken (30 g)

2 EL saure Sahne (10 % Fett)

1 TL TK-Petersilie

1 TL Rosenpaprika

frisch gemahlener schwarzer
Pfeffer

Tipp
Wer es schärfer mag, nimmt
zusätzlich 1 Teelöffel Paprika
rosenscharf.

- Kartoffeln schälen, waschen, würfeln und in der Gemüsebrühe zugedeckt 20 Minuten garen.
- Sauerkraut zerpflücken, etwas klein schneiden. Zwiebeln in 3 Esslöffel Wasser zugedeckt dünsten; das Sauerkraut zugeben und unter Wenden 5 Minuten zugedeckt dünsten, dann mit den Kartoffeln mischen.
- Schinken klein würfeln, in die Suppe geben. Saure Sahne und Petersilie einrühren und mit Rosenpaprika und Pfeffer würzen.

Kartoffelsuppe mit Pesto (200 kcal)

Für 1 Portion

1 Pellkartoffel (60 g)

1 TL Butter oder Margarine

1 Beutel Kartoffel-Cremesuppe mit
Schnittlauch

500 ml Wasser

1 EL grünes Pesto (aus dem Glas)

1 EL TK-Basilikum

Tipp
Wer es ausprobieren will, kann
auch rotes Pesto verwenden.

- Kartoffel würfeln und in einer beschichteten Pfanne mit Butter oder Margarine unter Wenden goldgelb rösten.
- Den Inhalt des Beutels in kaltes Wasser einrühren, einmal auf kochen lassen. Kartoffelwürfel, Pesto und Basilikum einrühren und servieren.

Kartoffel-Lauch-Suppe (200 kcal)

Für 1 Portion

150 g Kartoffeln	Salz
250 ml Gemüsebrühe (instant)	frisch gemahlener weißer Pfeffer
100 g dünner Lauch (nur den	geriebene Muskatnuss
weißen Teil)	2 Tropfen Zitronensaft
3 EL TK-Feine Erbsen	1 EL Kaffeesahne (15 % Fett)

- Kartoffeln waschen, schälen, in kleine Würfel schneiden und in der Brühe 20 Minuten garen, dann mit dem Pürierstab zerkleinern.
- Lauchstange putzen, waschen und den weißen Teil fein würfeln, mit den Erbsen in die Suppe geben. Weitere 5 Minuten zugedeckt köcheln lassen.
- Die Suppe mit Salz, Pfeffer, Muskat und Zitronensaft würzen. Zum Anrichten die Kaffeesahne in die Suppe einrühren.

Variante
Sie können diese Suppe auch komplett pürieren. Sie schmeckt auch eisgekühlt sehr gut; dazu die Suppe abkühlen lassen und im Kühlschrank kalt stellen.

Kartoffel-Curry-Suppe (300 kcal)

Für 1 Portion

120 g Kartoffeln	150 ml Hühnerbrühe (instant)
1 Möhre (100 g)	1 EL Brunch-Aufstrich (20 g)
½ TL Pflanzenöl	1 Msp. Salz
(Sonnenblumenöl)	frisch gemahlener weißer Pfeffer
1 TL TK-Zwiebeln, gewürfelt	3 rohe geschälte Garnelen
1 TL milder Curry	½ TL Schnittlauch (frisch oder TK)

- Kartoffeln und Möhre schälen, waschen und in kleine Würfel schneiden. Pflanzenöl erhitzen, die Zwiebel-, Kartoffel- und Möhrenwürfel darin unter Wenden anbraten, mit Curry bestäuben und weitere 3 Minuten zugedeckt dünsten.

- Mit Brühe aufgießen und alles aufkochen. Bei kleiner Hitze etwa 15 Minuten köcheln lassen. Die Suppe mit dem Pürierstab zerkleinern, Brunch-Aufstrich einrühren und mit Salz und Pfeffer würzen.
- Die Garnelen zugeben und in der Suppe noch 5 Minuten ziehen lassen. Suppe zum Anrichten mit Schnittlauch bestreuen.

Tipp
Indischer Curry macht Speisen mild-fruchtig, Madras-Curry mild aromatisch und Bombay-Curry würzig-scharf.

Grüne Kartoffelsuppe mit Apfel (300 kcal)

Für 1 Portion

150 g Kartoffeln	frisch gemahlener weißer Pfeffer
1 kleiner Apfel	geriebene Muskatnuss
250 ml Gemüsebrühe (instant)	2 Tropfen Zitronensaft
150 g TK-Feine Erbsen	2 EL Schmand
Salz	1 EL TK-Schnittlauch

- Kartoffeln und Apfel waschen. Kartoffeln schälen, in kleine Würfel schneiden und in der Brühe zugedeckt etwa 10 Minuten garen.
- Apfel vierteln, das Kerngehäuse entfernen. Die Apfelstücke in dünne Scheiben schneiden und mit den Erbsen zu den Kartoffeln geben.
- Alles mit dem Pürierstab fein zerkleinern und noch einmal erhitzen. Die Suppe mit Salz, Pfeffer, Muskat und Zitronensaft würzen.
- Zum Anrichten Schmand in die Suppe einrühren und mit Schnittlauch bestreuen.

Kartoffelsuppe mit Krabben (200 kcal)

Für 1 Portion

150 g Kartoffeln

250 ml Gemüsebrühe (instant)

30 g Frischkäse (z. B. Philadelphia)

30 g Nordseekrabbenfleisch

1/2 TL Pflanzenöl

1/2 TL TK-Knoblauch, gewürfelt

1 TL TK-Petersilie

evtl. Salz und Pfeffer

Variante
Statt Krabben schmecken
auch feine Räucherlachs-
streifen.

- Kartoffeln schälen, waschen, in kleine Würfel schneiden und in der Brühe zugedeckt etwa 15 Minuten garen. Kartoffelstücke mit dem Pürierstab zerkleinern. Den Frischkäse in die Suppe rühren und darin schmelzen lassen.
- Pflanzenöl in einer Pfanne schmelzen lassen, Knoblauchwürfel und 3 Esslöffel Wasser zugeben und zugedeckt dünsten. Die Nordseekrabben zufügen und unter Wenden kurz erhitzen.
- Suppe evtl. mit Salz und Pfeffer würzen, mit Nordseekrabben und Petersilie anrichten.

Kartoffel-Champignon-Suppe (200 kcal)

Für 1 Portion

150 g Kartoffeln

1 TL Butterschmalz

250 ml Gemüsebrühe (instant)

50 g Champignons

Salz

frisch gemahlener weißer Pfeffer

geriebene Muskatnuss

2 EL saure Sahne (10 % Fett)

2 EL TK-Petersilie

Tipp
Sie können auch Champignons
aus dem Glas verwenden.

- Kartoffeln waschen, schälen, in kleine Würfel schneiden. Die Hälfte des Butterschmalzes in einem Topf erhitzen, die Kartoffelwürfel darin anbraten und mit Brühe ablöschen. Zugedeckt 15 Minuten garen.

- Champignons abtupfen und in dünne Scheiben schneiden. Restliches Butterschmalz in einer beschichteten Pfanne erhitzen, die Champignonscheiben zugeben und darin unter Wenden goldgelb braten.
- Champignons in die Suppe geben, 2 Minuten darin köcheln lassen. Die Kartoffelsuppe mit Salz, Pfeffer und Muskatnuss würzen. Saure Sahne und Petersilie mischen und in die Suppe rühren.

Kartoffel-Pfifferling-Suppe (300 kcal)

Für 1 Portion

70 g Pfifferlinge (frisch oder aus der Dose)	250 ml Gemüsebrühe (instant)
	2 EL Sojasauce
150 g Kartoffeln	frisch gemahlener weißer Pfeffer
½ TL Pflanzenöl	1 TL trockener Sherry
1 TL TK-Zwiebeln, gewürfelt	2–3 Basilikumblätter

Tipp
Pfifferlinge gibt es auch tiefgefroren.

- Die Pfifferlinge putzen und abtupfen; größere Pilze halbieren. Kartoffeln schälen, waschen und würfeln.
- Öl in einem Topf erhitzen, Pilze zugeben, kurz anbraten, herausnehmen und warm stellen.
- Zwiebeln und Kartoffelwürfel in den Topf geben und glasig werden lassen. Mit Brühe aufgießen und zugedeckt 15 Minuten bei kleiner Hitze garen.
- Die Suppe pürieren, noch einmal aufkochen und mit Sojasauce, Pfeffer und Sherry würzen.
- Beiseite gestellte Pfifferlinge in die Suppe geben und darin erwärmen. Zum Anrichten grob gehackte Basilikumblätter über die Suppe streuen.

Kartoffel-Kresse-Suppe (300 kcal)

Variante
Statt Kresse können Sie auch
Rucola verwenden.

Für 1 Portion

80 g Kresse	4 EL trockener Weißwein
180 g Kartoffeln	Salz
1 EL Pflanzenöl	weißer Pfeffer, frisch gemahlen
250 ml Gemüsebrühe (instant)	2 Tropfen Tabascosauce

- Kresse abbrausen, trockenschwenken und grob schneiden. Kartoffeln schälen, waschen und in kleine Würfel schneiden.
- Pflanzenöl erhitzen, Kartoffeln darin glasig werden lassen, mit Brühe und Weißwein aufgießen. Mit Salz und Pfeffer würzen. Zugedeckt 15 Minuten kochen lassen. 3 Minuten vor Ende der Kochzeit die Kresse zugeben.
- Suppe mit dem Pürierstab pürieren, noch einmal aufkochen lassen und mit Tabascosauce würzen.

Kartoffel-Käse-Suppe mit Lauch (300 kcal)

Für 1 Portion

1 Kartoffel (60 g)	50 g Schmelzkäse Tomate-Paprika
100 g Lauch (nur den weißen	(z. B. von Milkana)
Teil)	frisch gemahlener weißer Pfeffer
1 TL Pflanzencreme zum Braten	50 g Räucherlachs
1 TL TK-Zwiebeln, gewürfelt	2 TL Schmand
125 ml Hühnerbrühe (instant)	1 EL Dill (frisch oder TK)
Salz	

- Kartoffel schälen, waschen und würfeln. Lauch waschen, längs halbieren und in dünne Streifen schneiden.
- Pfanzencreme erhitzen, die Zwiebelwürfel, Kartoffelwürfel und Lauchstreifen darin andünsten. Brühe aufgießen, alles kurz

aufkochen lassen und bei mittlerer Hitze zugedeckt etwa 20 Minuten garen.

- Suppe mit dem Pürierstab zerkleinern. Schmelzkäse zugeben, Suppe wieder heiß werden lassen und mit Salz und Pfeffer würzen.
- Zum Anrichten den Lachs in Streifen schneiden, in die Suppe geben. Schmand obenauf geben. Mit Dill bestreuen.

Kartoffel-Bohnen-Suppe (300 kcal)

Für 1 Portion

150 g Kartoffeln	1 Stiel Bohnenkraut
1 TL Butter oder Margarine	50 g kleine TK-Putenklößchen
1 EL TK-Zwiebeln, gewürfelt	Salz
250 ml Fleischbrühe (instant)	weißer Pfeffer, frisch gemahlen
150 g TK-Brechbohnen	Knoblauchpulver

Tipp
Noch feiner wird die Suppe, wenn Sie statt der Brechbohnen halbierte Prinzessböhnchen in die Suppe geben.

- Kartoffeln schälen und würfeln. Butter oder Margarine schmelzen und die Zwiebelwürfel darin zugedeckt dünsten. Die Kartoffeln zufügen, mit Fleischbrühe aufgießen und 10 Minuten kochen lassen.
- Bohnen und Bohnenkraut zufügen und weitere 10 Minuten kochen lassen. Putenklößchen zufügen und nochmals 5 Minuten ziehen lassen.
- Bohnenkrautstiel herausnehmen. Suppe mit Salz, Pfeffer und Knoblauchpulver würzen.

Holsteiner Kartoffelsuppe (300 kcal)

Für 1 Portion

150 g Kartoffeln	Fettrand)
150 g Lauch	250 ml Gemüsebrühe (instant)
1 kleine Möhre (80 g)	1 kleines Stück Lorbeerblatt
1/2 Stange Bleichsellerie (100 g)	frisch gemahlener weißer Pfeffer
40 g Katenschinken (ohne	Salz, 1 Stiel Majoran

- Kartoffeln und Gemüse waschen. Kartoffeln schälen, in kleine Würfel schneiden. Lauch putzen und klein schneiden. Möhre und Bleichsellerie klein würfeln. Den Schinken ebenfalls in Würfel schneiden.

- Die Kartoffel- und Möhrenwürfel in der Brühe mit dem Lorbeerblatt zugedeckt etwa 10 Minuten garen; Bleichsellerie zufügen und mitgaren. Nach weiteren 5 Minuten Lauchstreifenstücke und Schinkenwürfel zugeben und nochmals 5 Minuten zugedeckt ziehen lassen.
- Das Lorbeerblatt entfernen. Die Suppe mit Pfeffer und Salz würzen.
- Majoran abbrausen, trockenschwenken und die Blättchen von den Stielen zupfen. Zum Servieren die Majoranblättchen unterrühren.

Tipp
Majoran lässt sich im Garten oder im Topf am sonnigen Fenster selbst ziehen. Vor der Blüte ernten. Majoran wird auch getrocknet, pulverisiert und gerebelt angeboten

Klare Kartoffelsuppe (300 kcal)

Für 1 Portion

250 g Kartoffeln	250 ml klare Fleischbrühe (instant)
1 kleine Zucchini (120 g)	2 EL stückige Tomaten (Packung
2 Möhren (100 g)	oder Dose)
Salz	einige Basilikumblätter

- Kartoffeln, Zucchini und Möhren schälen und waschen. Kartoffeln in Scheiben, Möhren und Zucchini in Streifen schneiden. Die Kartoffelscheiben in Salzwasser etwa 10 Minuten garen; die Möhren- und Zucchinistreifen zugeben und weitere 4 Minuten garen.
- Alles auf einem Sieb abgießen. Die Fleischbrühe erhitzen, die Kartoffelscheiben, Gemüsestreifen und Tomatenstücke zufügen und kurz darin erhitzen.
- Zum Anrichten mit Basilikumblättern bestreuen.

Kartoffelsalate

Schwäbischer Kartoffelsalat (200 kcal)

Für 1 Portion

200 g Kartoffeln	frisch gemahlener weißer Pfeffer
Salz	100 ml Fleischbrühe (instant)
1 kleine Zwiebel	1 EL Pflanzenöl
6 EL Essig	2 EL Schnittlauch (frisch oder TK)

- Kartoffeln waschen, in der Schale zugedeckt in Salzwasser garen, abgießen, trockendämpfen und in Scheiben schneiden.
- Zwiebel abziehen, würfeln und zusammen mit 3 Esslöffel Essig, Pfeffer und der Brühe aufkochen. Die Mischung heiß über die Kartoffelscheiben geben und etwa 10 Minuten zugedeckt ziehen lassen.
- Restlichen Essig und das Öl verrühren und mit den Schnittlauchröllchen unter den Salat geben. Weitere 20 Minuten ziehen lassen. Vor dem Servieren evtl. mit Salz, Pfeffer und Essig nachwürzen.

Kartoffel-Bohnen-Salat (200 kcal)

Tipp
Wenn Sie Kartoffelsalat-Fan sind, können Sie eine größere Menge Kartoffeln in der Schale kochen, um einen Vorrat z. B. für zwei Tage zu haben.

Für 1 Portion

120 g Kartoffeln	50 g Feldsalat
Salz	1 kleine Möhre
100 g TK-Prinzessbohnen	1 Becher (150 g) Magerjoghurt
1 Stiel Bohnenkraut	(0,3 % Fett)
2 EL Weißweinessig	frisch gemahlener weißer Pfeffer

- Kartoffeln waschen und in der Schale zugedeckt in Salzwasser garen. Kartoffeln abgießen, trockendämpfen und in Scheiben schneiden. Den Weißwein über die noch warmen Kartoffeln träufeln.
- Prinzessbohnen und Bohnenkraut in 125 Milliliter (1 Tasse) Wasser 5 bis 8 Minuten zugedeckt garen. Bohnen abgießen, eventuell halbieren.
- Feldsalat putzen, abbrausen, trockenschwenken, die kleinen Wurzeln entfernen, größere Blätter klein schneiden. Möhre schälen, grob reiben.
- Joghurt mit Salz und Pfeffer verrühren und mit den Salatzutaten mischen.

Kartoffel-Möhren-Salat (200 kcal)

Für 1 Portion

150 g Kartoffeln	1 Becher (150 g) Magerjoghurt
Salz	(0,3 % Fett)
1 EL Zitronenessig	½ TL körniger Dijonsenf
2 Möhren	1 EL TK-8-Kräuter-Mischung
½ Tasse Gemüse-Hefebrühe	frisch gemahlener weißer Pfeffer
1 EL TK-Zwiebeln, gewürfelt	

- Kartoffeln waschen und in der Schale zugedeckt in Salzwasser garen. Kartoffeln abgießen, trockendämpfen, abziehen und in Scheiben schneiden. Essig über die noch warmen Kartoffeln geben.
- Möhren putzen, waschen, schälen und würfeln. Brühe und Zwiebelwürfel in einem Topf aufkochen, die Möhrenstücke zufügen und zugedeckt 5 Minuten garen. Die Möhren mit der Brühe zu den Kartoffeln geben. Alles abkühlen lassen.
- Joghurt, Dijonsenf und Kräuter verrühren und mit den Salatzutaten mischen. Eventuell mit Salz und Pfeffer nachwürzen.

Kartoffel-Gurken-Salat mit Tomate (200 kcal)

Für 1 Portion

150 g Kartoffeln	2 EL Fleischbrühe (instant)
Salz	etwas Selleriesalz
1 EL Zitronen- oder Kräuteressig	frisch gemahlener weißer Pfeffer
1 mittelgroße Tomate	½ TL TK-Petersilie
1 kleine Gewürzgurke	½ TL TK-Schnittlauch
1 EL Joghurt-Salatcreme	etwas Kresse
(25 % Fett)	

- Kartoffeln waschen und in der Schale zugedeckt in Salzwasser garen. Die Kartoffeln abgießen, trockendämpfen, abziehen und in Scheiben schneiden. Den Essig über die noch warmen Kartoffeln träufeln. Die Kartoffeln abkühlen lassen.
- Tomate waschen und die Gewürzgurke würfeln. Tomaten- und Gurkenwürfel unter die abgekühlten Kartoffeln heben.
- Joghurt-Salatcreme und Brühe verrühren, mit Selleriesalz, Pfeffer und Kräutern würzen. Alle Salatzutaten mit der Salatsauce mischen. Zum Servieren mit Kresse garnieren.

Tipp

Sie können auch zusätzlich 1 kleine getrocknete Tomate fein schneiden, in 2 EL Brühe erhitzen und die Tomatenstücke darin ziehen lassen. Dann zum Salat geben.

Kartoffelsalat mit Lachsschinken (200 kcal)

Für 1 Portion

150 g Kartoffeln	2 EL Gemüsebrühe (instant)
Salz	2 EL Kräuteressig
100 g Salatgurke	3 Tropfen Sojasauce
20 g Feldsalat	Cayennepfeffer
1 ½ Scheiben Lachsschinken	2 Tropfen Süßstoff
(ohne Fettrand)	1 TL TK-Salatkräuter

- Kartoffeln waschen und in der Schale zugedeckt in Salzwasser garen. Die Kartoffeln abgießen, trockendämpfen, abziehen und in Scheiben schneiden.
- Salatgurke waschen und in dünne Scheiben oder Streifen schneiden. Feldsalat abbrausen, trockenschwenken. Lachsschinken würfeln.
- Für die Salatsauce Brühe, Kräuteressig, Sojasauce, Cayennepfeffer und Süßstoff verrühren und über die noch warmen Kartoffeln träufeln.
- Salatgurke, Feldsalat, Lachsschinken und Salatkräuter mit den Kartoffeln mischen.

Kartoffelsalat mit Rucola-Dressing (200 kcal)

200 g Kartoffeln	1–2 EL Weißweinessig
Salz	frisch gemahlener weißer Pfeffer
50 g Rucola	1 Prise Zucker
60 ml kräftige Hühnerbrühe (instant)	½ Bund Radieschen
1 ½ EL Öl	1 hartgekochtes Ei

- Kartoffeln waschen und in der Schale zugedeckt in Salzwasser garen. Kartoffeln abgießen, trockendämpfen, abziehen und in Scheiben oder Würfel schneiden.
- Rucola putzen, waschen und die Hälfte mit der heißen Brühe, Öl und Essig pürieren und mit Salz, Pfeffer und Zucker würzen. Über die Kartoffelscheiben geben.
- Radieschen putzen, waschen und in dünne Stifte schneiden, das Ei in Viertel oder Achtel teilen. Radieschenstifte, Eisegmente und die restlichen Rucolablätter vorsichtig unter die Kartoffelscheiben heben.

Kartoffelsalat mit Rosenkohl (200 kcal)

Für 1 Portion

150 g Kartoffeln	Cayennepfeffer
Salz	½ TL Pflanzenöl
½ Pckg. TK-Rosenkohl (150 g)	1 EL Kräuteressig
2 Tomaten	½ TL TK-Petersilie
1 TL Sojasauce	½ TL TK-Schnittlauch

- Kartoffeln waschen und in der Schale zugedeckt in Salzwasser garen. Die Kartoffeln abgießen, trockendämpfen, abziehen und in grobe Würfel schneiden.
- Rosenkohl in wenig Salzwasser nach Packungsaufschrift garen. Rosenkohl auf einem Sieb abgießen, abkühlen lassen und halbieren oder vierteln.
- Tomaten waschen, trockentupfen, vierteln, den Stielansatz herausschneiden. Tomatenkerne entfernen und beiseite stellen. Tomatenstücke klein schneiden. Die Tomatenkerne, Sojasauce, Cayennepfeffer und Pflanzenöl verrühren.
- Kräuteressig über die Kartoffelwürfel gießen, den Rosenkohl und die Salatsauce vorsichtig unterheben. 5 Minuten durchziehen lassen. Zum Anrichten Kräuter darüber streuen.

Kartoffel-Weißkohl-Salat (300 kcal)

Für 1 Portion

200 g Weißkohl	je ½ TL TK- Schnittlauch und
1 Prise Salz	Petersilie
100 ml Gemüsebrühe (instant)	1 TL Pflanzenöl
frisch gemahlener weißer Pfeffer	1 Scheibe gekochter Schinken
2 TL Weißweinessig	(30 g)
2 gekochte Kartoffeln (150 g)	

- Weißkohl putzen und klein schneiden, mit etwas Salz bestreuen und 10 Minuten ziehen lassen.
- Gemüsebrühe, Pfeffer und Essig in einem kleinen Topf aufkochen, Kohlstücke darin 2 Minuten zugedeckt dünsten. Kohl herausheben, beiseite stellen und die Flüssigkeit etwa 3 Minuten einkochen lassen. Etwas abkühlen lassen.
- Kartoffeln würfeln und mit dem noch warmen Essigsud, Schnittlauch und Petersilie mischen. Den Weißkohl und das Pflanzenöl unterheben.
- Salat etwa 10 Minuten ziehen lassen. Dann mit der Scheibe Schinken anrichten.

Kartoffelsalat mit Sauerkraut (300 kcal)

Für 1 Portion

150 g Kartoffeln	1 TL TK-Zwiebeln, gewürfelt
Salz, Pfeffer	1 Becher (150 g) fettarmer Joghurt
100 g Sauerkraut	(1,5 %)
1 Apfel (100 g)	1 TL TK-8-Kräutermischung
1 kleine Gewürzgurke	1 TL Sonnenblumenkerne, gehackt

Tipp
Wenn Sie kleine Frühkartoffeln verwenden, können diese auch ungepellt in Scheiben geschnitten werden. So bekommt Ihr Körper zusätzliche Ballaststoffe für eine bessere Verdauung

- Kartoffeln waschen und in der Schale zugedeckt in Salzwasser garen. Kartoffeln abgießen, trockendämpfen, abziehen und in Scheiben oder Würfel schneiden.
- Sauerkraut zerpflücken, klein schneiden. Apfel waschen, vierteln, entkernen und würfeln. Gurke ebenfalls würfeln.
- Kartoffeln mit Zwiebeln, Sauerkraut, Apfel und Gurke mischen und mit Pfeffer bestreuen.
- Joghurt und Kräuter verrühren und mit den Salatzutaten mischen. Den Salat zum Schluss mit gehackten Sonnenblumenkernen bestreuen.

Kartoffelsalat mit Gurke und Ei (300 kcal)

Für 1 Portion

150 g Kartoffeln, Salz	Salatcreme (z. B. Miracel Whip)
50 g Salatgurke	1 TL TK-Zwiebeln, gewürfelt
½ gekochtes Ei (Größe S)	4 Radieschen
60 g kalorienreduzierte	¼ Kästchen Kresse

Tipp
Statt Radieschen können Sie auch kleine Rettiche verwenden.

- Kartoffeln waschen und in der Schale zugedeckt in Salzwasser garen. Kartoffeln abgießen, trockendämpfen, abziehen und in Scheiben schneiden.
- Salatgurke waschen und in dünne Scheiben schneiden. Das halbe Ei ebenfalls in Scheiben oder in Würfel schneiden.
- Salatcreme und Zwiebeln verrühren und mit den Salatzutaten vorsichtig mischen. Zum Anrichten mit halbierten Radieschen belegen und mit Kresse bestreuen.

Kartoffelsalat mit Spargel (300 kcal)

Für 1 Portion

200 g Kartoffeln, Salz	60 g kalorienreduzierte
125 grüner Spargel	Salatcreme (z. B. Miracel Whip
2 Scheiben (60 g) gekochter	Balance)
Schinken (ohne Fettrand)	2–3 EL fettarme Milch (1,5 % Fett)

Tipp
Im Gegensatz zum weißen Spargel ist grüner Spargel fast das ganze Jahr über erhältlich. Er muss nicht geschält werden, lediglich das untere Ende wird weggeschnitten.

- Kartoffeln waschen und in der Schale zugedeckt in Salzwasser garen. Kartoffeln abgießen, trockendämpfen, abziehen und in Scheiben schneiden.
- Spargel am unteren Ende abschneiden, in reichlich Salzwasser etwa 8 Minuten bissfest garen.
- Schinken in Streifen oder Würfel schneiden. Salatcreme und Milch verrühren und mit den Salatzutaten mischen.

Kartoffelsalat mit Rucola und Mozzarella (300 kcal)

Für 1 Portion

250 g Kartoffeln

Salz

35 g Rucola

75 g Mozzarella

¼ l Gemüsebrühe (instant)

½ TL TK-Zwiebeln, gewürfelt

½ TL TK-Knoblauch, gewürfelt

frisch gemahlener weißer Pfeffer

1–2 EL Balsam-Essig (z. B. Aceto Balsamico)

2 EL Olivenöl, kaltgepresst

Variante
Statt Rucolablätter können auch andere würzigscharfe oder zart-bittere Blattsalat-sorten verwendet werden: Löwenzahn oder Brunnen-kresse, Radicchio- oder Chico-rèesalatblätter. Es darf auch gemischt werden. Und den Mozzarella-Käse können Sie durch Pecorino oder Emmen-taler ersetzen.

- Kartoffeln waschen und in der Schale zugedeckt in Salzwasser garen. Die Kartoffeln abgießen, trockendämpfen, abziehen und in Scheiben schneiden und warm stellen. Eine Kartoffel für die Salatsauce mit der Gabel zerkleinern.
- Rucola abbrausen, trockentupfen, größere Blätter eventuell hal-bieren. Mozzarella erst in dünne Scheiben, dann in Streifen schneiden.
- Gemüsebrühe, Zwiebeln, Knoblauch, Pfeffer, Essig und Öl ver-rühren. Die mit der Gabel zerkleinerte Kartoffel dazugeben und mit der Salatsauce verrühren.
- Kartoffelscheiben, Mozzarellastreifen und Rucolablätter auf ei-nem großen Teller abwechselnd und schuppenartig anrichten. Mit der Salatsauce begießen und noch lauwarm servieren.

Kartoffelsalat mit Roten Beten (300 kcal)

Für 1 Portion

200 g Kartoffeln

Salz

150 g Rote-Bete-Kugeln (aus dem Glas)

1 TL Sonnenblumenöl

1 Becher (150 g) fettarmer Joghurt (1,5 %)

2 EL TK-Petersilie

frisch gemahlener weißer Pfeffer

- Kartoffeln waschen und in der Schale zugedeckt in Salzwasser garen. Die Kartoffeln abgießen, trockendämpfen, abziehen und in Scheiben schneiden.
- Rote-Bete-Kugeln in Scheiben oder Würfel schneiden. Joghurt, Sonnenblumenöl und 1 Esslöffel Petersilie verrühren und mit Pfeffer und Salz würzen.
- Kartoffeln mit den Roten Beten vorsichtig mischen. Mit der restlichen Petersilie bestreuen.

Tipp
Frische Rote Bete schmecken besonders gut: Sie werden, ohne die Haut zu verletzen, im Ganzen gekocht. Besonders im Herbst gibt es kleine Exemplare, die sich schnell zubereiten lassen.

Bunter Kartoffelsalat (300 kcal)

Für 1 Portion

150 g Kartoffeln	(23 % Fett)
Salz	2 TL Zitronensaft
½ Bund Radieschen	2 Tropfen Süßstoff
150 g Spinatblätter	frisch gemahlener weißer Pfeffer
1 Becher (150 g) Magerjoghurt	1 TL TK-Dill
(0,3 % Fett)	1 TL TK-Schnittlauch
1 EL Joghurt-Salatcreme	

Tipp
Frischer Blattspinat sollte möglichst nicht aufbewahrt werden; er welkt schnell und verliert seine wertvollen Inhaltsstoffe. Alternative: Blattspinat aus der Tiefkühltruhe.

- Kartoffeln waschen und in der Schale zugedeckt in Salzwasser garen. Die Kartoffeln abgießen, trockendämpfen, abziehen und in Scheiben schneiden.
- Radieschen waschen, trockentupfen und in Scheiben schneiden. Spinatblätter abbrausen, trockenschwenken, eventuell halbieren. Auf einem Teller anrichten.
- Joghurt-Salatcreme, Zitronensaft, Gewürze, Dill und Schnittlauch verrühren und mit den Kartoffel- und Radieschenscheiben mischen.

Kartoffelsalat mit Artischocken (300 kcal)

Für 1 Portion

200 g Kartoffeln, Salz

1 Dose Artischockenböden (220 g)

mit 3 EL Flüssigkeit

150 g Prinzessbohnen (aus der

Dose)

1 Becher (150 g) fettarmer Joghurt

(1,5 %)

½ TL mittelscharfer Dijonsenf

1 EL TK-Petersilie

Tipp
Artischockenböden sind die Böden einer im Mittelmeerraum kultivierten Distelpflanze. Sie können die Böden auch aus gekochten kleinen Artischocken herauslösen. Das ist allerdings sehr viel zeitaufwändiger.

- Kartoffeln waschen und in der Schale zugedeckt in Salzwasser garen. Die Kartoffeln abgießen, trockendämpfen, abziehen und in Scheiben schneiden.
- Artischockenböden und Bohnen abtropfen lassen. Die Artischockenböden halbieren oder vierteln und in einer beschichteten Pfanne ohne Fett anbraten.
- Joghurt, Dijonsenf, Artischockenflüssigkeit und Petersilie verrühren und mit den Salatzutaten mischen.

Kartoffelsalat mit Miesmuscheln (300 kcal)

Für 1 Portion

200 g Kartoffeln

Salz

200 g Salatgurke

1 rote Chilischote

1 TL Kapern

100 g eingelegte Miesmuscheln

1 Becher (150 g) fettarmer Joghurt

(1,5 %)

frisch gemahlener weißer Pfeffer

1 EL TK-Salatkräuter

Übrigens
Miesmuscheln, auch Pfahlmuscheln genannt, werden zwei Mal im Jahr zum Fang freigegeben: im Mai und im September/Oktober.

- Kartoffeln waschen und in der Schale zugedeckt in Salzwasser garen. Die Kartoffeln abgießen, trockendämpfen, abziehen und in Scheiben schneiden.
- Salatgurke waschen, längs halbieren, in dünne Scheiben schneiden und leicht mit Salz bestreut 5 Minuten ziehen lassen.

- Chilischote entstielen, längs halbieren und entkernen. Die Chilischotenhälften fein schneiden und mit den Kapern und Gurkenscheiben mischen, mit den abgetropften Muscheln zu den Kartoffelscheiben geben.
- Joghurt mit Pfeffer und Salatkräutern verrühren und unter die Salatzutaten heben.

Kartoffelsalat mit Matjes (300 kcal)

Für 1 Portion

150 g Kartoffeln	1 TL TK-Zwiebeln, gewürfelt
Salz	1 Becher (150 g) fettarmer Joghurt
1 Frühlingszwiebel	(1,5 %)
1 Tomate (50 g)	¼ TL Dijonsenf
50 g Salatgurke	1 TL Dill (frisch oder TK)
1 Matjesfilet (60–80 g)	

Übrigens
Matjes ist ein gesalzener junger Hering, der noch nicht gelaicht hat.

- Kartoffeln waschen und in der Schale zugedeckt in Salzwasser garen. Die Kartoffeln abgießen, trockendämpfen, abziehen und in Scheiben schneiden.
- Frühlingszwiebel, Tomate und Salatgurke waschen; Frühlingszwiebel in Röllchen schneiden, Tomaten achteln, dabei den Stielansatz entfernen, die Tomatenstücke würfeln. Gurke waschen, längs halbieren und würfeln.
- Matjes in mundgerechte Stücke schneiden.
- Zwiebeln, Joghurt, Dijonsenf und Dill verrühren. Alle Salatzutaten mit dem Dressing vermischen.

Kartoffelsalat mit Sprossen (300 kcal)

Für 1 Portion

150 g Kartoffeln	Linsen- oder Sojasprossen)
Salz	1 Becher (150 g) fettarmer Joghurt
3–4 EL Weißweinessig	(1,5 %)
frisch gemahlener weißer Pfeffer	1 EL Joghurt-Salatcreme
150 g Möhren	(23 % Fett)
1 Gewürzgurke (100 g)	¼ TL Senf, mittelscharf
150 g Sprossen (z. B. Alfalfa-,	Süßstoff

Tipp

Wenn Sie Gurken aus dem Glas verwenden, können Sie statt Weinessig etwas Gurkenflüssigkeit verwenden.

Übrigens

Sprossen müssen immer frisch und knackig sein. Sie dürfen keine bräunlichen Stellen haben. Im Kühlschrank halten sie sich luftig verpackt bis zu 3 Tage.

- Kartoffeln waschen und in der Schale zugedeckt in Salzwasser garen. Die Kartoffeln abgießen, trockendämpfen, abziehen und in Scheiben schneiden, mit Weinessig beträufeln, mit Salz und Pfeffer bestreuen.
- Möhren waschen, würfeln und in wenig Salzwasser 5 Minuten garen. Gewürzgurke würfeln. Möhrenwürfel auf einem Sieb abgießen und abkühlen lassen, mit Kartoffelscheiben und Gurkenwürfeln mischen.
- Die Sprossen auf einem Sieb abbrausen und abtropfen lassen und zum Salat geben.
- Joghurt, Salatcreme und Senf verrühren, mit Salz, Pfeffer und Süßstoff würzen und mit den Salatzutaten mischen.

Kartoffelsalat mit Linsen (300 kcal)

Für 1 Portion

150 g Kartoffeln	oder TK)
Salz	4 EL Fleischbrühe (instant)
2 Frühlingszwiebeln	3 EL Weißweinessig
100 g Linsen mit Suppengrün (Dose)	frisch gemahlener weißer Pfeffer
1 TL gehackte Petersilie (frisch	2 EL Olivenöl

- Kartoffeln waschen und in der Schale zugedeckt in Salzwasser garen. Die Kartoffeln abgießen, trockendämpfen, abziehen und in Scheiben schneiden.
- Frühlingszwiebeln waschen, trockentupfen und in Ringe schneiden. Linsen auf einem Sieb abtropfen lassen. Mit den Kartoffelscheiben mischen und alles mit Petersilie bestreuen.
- Fleischbrühe, Essig, Salz und Pfeffer verrühren, Olivenöl darunter schlagen. Dressing über den Salat geben

Tipp
Statt der Linsen aus der Dose können Sie auch 50 g getrocknete braune Mini-Linsen in Wasser über Nacht einweichen und am nächsten Tag in etwa 115 ml Wasser bei kleiner Hitze 40 bis 60 Minuten zugedeckt garen.

Kartoffel-Obst-Salat (300 kcal)

Für 1 Portion

150 g Kartoffeln	(1,5 %)
Salz	1 TL Joghurt Salatcreme
1 kleiner Apfel (80 g)	(23 % Fett)
1 kleine Birne (80 g)	2–3 Tropfen Süßstoff
75 g Ananas (Dose)	frisch gemahlener schwarzer
1 Becher (150 g) fettarmer Joghurt	Pfeffer

- Kartoffeln waschen und in der Schale zugedeckt in Salzwasser garen. Die Kartoffeln abgießen, trockendämpfen, abziehen und in Scheiben schneiden.
- Apfel und Birne waschen, trockentupfen, vierteln, entkernen und in Würfel schneiden. Ananas abtropfen und ebenfalls in Stücke schneiden. Das Obst mischen.
- Joghurt, Salatcreme, Süßstoff und Pfeffer verrühren und mit Salatzutaten mischen.

Für den Imbiss
zwischendurch

Knabbergemüse mit Kräuterkäse-Dip

Für 1 Portion

500 g Gemüse (Bleichsellerie, Radieschen, Gurke, Paprika, grüner Spargel)

2 EL kalorienreduzierter Frischkäse mit Kräutern (z. B. von Du darfst)

2 EL Mineralwasser

½ TL TK-Zwiebeln, gewürfelt

½ TL TK-Knoblauch, gewürfelt

1 TL Zitronensaft

5 Tropfen Tabascosauce

frisch gemahlener weißer Pfeffer

2 EL gemischte Kräuter (z. B. Petersilie, Dill, Kresse, Kerbel, Schnittlauch, Sauerampfer, Borretsch, Pimpinelle; frisch oder TK als 8-Kräutermischung)

Variante
Sie können auch Kohlgemüse verwenden, so z. B. Romanesco, Blumenkohl, Brokkoli. Die Kohlröschen für 1 bis 2 Minuten in kochendem Salzwasser blanchieren, herausheben und kalt abschrecken.

- Gemüse putzen, waschen, trockentupfen und großzügig in fingerlange Stücke schneiden.
- Für den Dip Frischkäse, Mineralwasser, Zwiebeln und Knoblauch verrühren. Die Frischkäsemasse mit Zitronensaft, Tabascosauce, Pfeffer und den Kräutern würzen.
- Den Dip mit dem Gemüse anrichten.

Knäckebrot mit Mandeln

Für 1 Portion

1 Scheibe Knäckebrot

10 g Halbfettbutter oder -margarine

1 TL Mandelblättchen

etwas Kresse oder Kerbel

Variante
Statt der Mandeln dürfen es auch Sonnenblumen- oder Kürbiskerne sein. Und statt Kresse oder Kerbel können Sie 1 TL TK-Kräuter verwenden.

- Knäckebrotscheibe mit Halbfettbutter bestreichen und mit Mandelblättchen bestreuen. Kresse oder Kerbelblättchen darüber geben.

Schinkenpflaumen

Für 1 Portion

4 Kurpflaumen

4 Scheiben Parmaschinken

- Die Kurpflaumen abtupfen und mit jeweils einer Scheibe Parmaschinken umwickeln oder die Pflaumen mit Schinken ge-
trennt anrichten.

Ei mit Senfschaum

Für 1 Portion

1 Ei (Größe M)   2 TL Orangensaft

2 TL grobkörniger Dijonsenf   einige Blätter Estragon

3 EL Magerjoghurt (0,3 % Fett)

Variante

Statt grobem Senf schmeckt
auch Dijonsenf mit Honig.
Zusätzlich 1 Tropfen Tabasco
einrühren. Das gibt der
Sauce einen süß-scharfen Geschmack. Die Estragonblätter
durch Koriandergrün ersetzen.

- Das Ei halbweich kochen, abschrecken und warm halten.
- Senf mit Joghurt schaumig rühren, Orangensaft unterrühren.
Estragonblätter abbrausen, trockentupfen und grob schneiden.
Unter die Sauce rühren.
- Zum Servieren das Ei halbieren oder in Scheiben schneiden
und mit der Sauce anrichten.

Pikante Melonensuppe

Für 1 Portion

½ Honigmelone (150 g)	Salz
125 ml Gemüsebrühe (instant)	frisch gemahlener weißer Pfeffer
2 EL Zitronensaft	2 frische Minzeblätter

- Fruchtfleisch der Honigmelone von der Schale schneiden, die Kerne entfernen. Melonenfleisch würfeln und in der Gemüsebrühe erhitzen. 5 Minuten köcheln lassen und fein pürieren.
- Suppe erkalten lassen und im Kühlschank 20 Minuten kühlen. Suppe mit Zitronensaft, Salz und Pfeffer würzen.
- Minzeblätter abbrausen, trockenschwenken und grob schneiden. Zum Servieren mit den Minzeblättern garnieren.

Himbeerkaltschale

Für 1 Portion

1 TL Honig	250 g Himbeeren
Saft von ½ Zitrone	abgeriebene Schale einer
Saft von ½ Orange	unbehandelten ¼ Zitrone
4 EL Mineralwasser	3 Blätter Zitronenmelisse

Tipp
Diese Kaltschale lässt sich auch mit Erdbeeren zubereiten.
Wer mag, kann mit etwas zerdrücktem rosa Pfeffer würzen.

- Honig, Zitronen- und Orangensaft und Mineralwasser leicht erwärmen. 3 Himbeeren beiseite legen. Restliche Beeren in den Topf geben, kurz erwärmen. Alles pürieren und 20 Minuten kalt stellen.
- Mit den Himbeeren, Zitronenschale und Zitronenmelisseblättern anrichten.

Gefüllte Tomate mit Fleischsalat

Für 1 Portion

1 Tomate (150 g)
1 TL Schnittlauch (frisch oder TK)

30 g Fleischsalat, kalorienreduziert

- Tomate waschen, trockentupfen. Von der Tomate waagerecht einen Deckel abschneiden, das Tomatenfleisch herausnehmen und klein schneiden.
- Tomatenmasse und Schnittlauch unter den Fleischsalat heben und in die Tomaten füllen.

Blattsalat mit Dickmilchsauce

Für 1 Portion

½ Kopf Blattsalat (z. B. Kopf- oder
Römersalat, Lollo Bianco)
4 EL (100 g) Dickmilch (3,5 % Fett)
2 TL Zitronensaft
3 Tropfen Kürbiskernöl
Salz

frisch gemahlener weißer Pfeffer
2 Tropfen Süßstoff
2 EL TK-8-Kräuter-Mischung
(Petersilie, Dill, Kresse, Borretsch,
Pimpinelle)

Tipp
Statt einer Salatsorte können Sie auch die schon im Supermarkt angebotenen fertig geputzten gemischten Salate verwenden.

- Blattsalat putzen, waschen, trockenschwenken; die Blätter in mundgerechte Stücke zupfen.
- Dickmilch, Zitronensaft und Kürbiskernöl verrühren und mit Salz, Pfeffer und Süßstoff würzen. Die Kräuter unterrühren.
- Salatsauce mit den Salatblättern mischen.

Kalte Möhrensuppe mit Joghurt
Für 1 Portion

1 ½ Tassen (180 ml) Gemüsebrühe (instant)

2 Kartoffeln (90 g)

½ Gläschen Möhrenmus (Baby-kost)

1 EL Magerjoghurt (0,3 % Fett)

1 Msp. Kardamom

3 Blätter Zitronenmelisse

3 Stiele Kerbel

- Brühe aufkochen, die Kartoffeln zufügen und pürieren. Das Möhrenmus einrühren, erkalten lassen und im Kühlschrank 20 Minuten kühl stellen.
- Magerjoghurt und Kardamom verrühren und auf die Suppe geben. Zitronenmelisse und Kerbel abbrausen, trockentupfen, grob schneiden und über die Suppe streuen.

Gurken-Drink mit Kresse
Für 1 Portion

125 g Salatgurke

¼ Kästchen Kresse (10 g)

125 ml Molke

1 TL Zitronensaft

Salz

1 Msp. milder Curry

Cayennepfeffer

1 dünne Limettenscheibe

- Gurke schälen und grob zerteilen. Kresse abschneiden. Molke, Gurkenstücke und die Hälfte der Kresse mit dem Pürierstab zerkleinern.
- Alles mit Zitronensaft und Gewürzen abschmecken. In breite Gläser füllen und mit Kresse und Limettenscheibe garnieren.
- Dazu: 2 Scheiben Crisp (Von Wasa).

Erdbeer-Molke-Drink

Für 1 Portion

150 g Erdbeeren (frisch oder TK)   Mark von ¼ Vanilleschote oder
1 TL Honig   Vanilleextrakt
                                      150 ml Süßmolke

- Erdbeeren abbrausen, trockenschwenken, Kelchblätter entfernen. Eine Erdbeeren beiseite legen.
- Die Früchte vierteln. Honig, Vanillemark oder -extrakt und die Molke hinzufügen und mit dem Pürierstab zerkleinern.
- Den Drink in ein gekühltes Glas geben, die Erdbeere auf den Rand stecken.

Grüntee-Molke-Drink

Für 1 Portion

100 ml Wasser   90 ml Sauermolke
1 Beutel Grüner Tee   Saft von ½ Zitrone
1 EL Traubenzucker

- Wasser aufkochen, über den Teebeutel gießen und ziehen lassen. Teebeutel herausnehmen und den Tee kalt stellen.
- Traubenzucker mit einem Schneebesen unter den kalten Tee rühren. Danach die Sauermolke einrühren und mit Zitronensaft würzen.

35 Imbisse für Zwischendurch

Jede Portion hat 100 Kilokalorien

500 g Tomaten	2 mittelgroße Kohlrabi (500 g)	**Gemüse**
500 g Spargel	400 g Sauerkraut	
3 ganz grüne Gurken		

2 kleine Äpfel (200 g)	250 g frische Erdbeeren	**Obst**
1 große Birne (200 g)	250 g frische Himbeeren	
1 mittelgroße Banane (150 g)	250 g frische Johannisbeeren	
2 kleine Orangen (250 g)	1 Scheibe (100 g) Ananas,	
2 mittelgroße Grapefruit (500g)	ungesüßt (aus der Dose)	
2 mittelgroße Pfirsiche (250 g)	1 Orange und 1 Kiwi	

1 Glas Apfelsaft	1 Glas Cola	**Getränke**
1 Glas Grapefruitsaft (Dose)	1 Glas Bier	**(1 Glas = 200 ml)**
1 Glas Johannisbeersaft	150 ml Rotwein	
1 Glas Orangensaft	150 ml Weißwein	
1 Glas Limonade	$1/8$ l Kakaotrunk (mit Süßstoff)	

1 Becher Magermilch-Joghurt mit Süßstoff und 125 g Erdbeeren	1 Becher Magermilch-Joghurt mit Süßstoff und 1 EL Apfelmus	**Joghurt**
1 Becher Magermilch-Joghurt mit Süßstoff und 1 kleinen Orange	1 Becher Magermilch-Joghurt mit Süßstoff und 125 g Himbeeren	
1 Becher Magermilch-Joghurt mit Süßstoff und $1/2$ Banane		

$1/4$ l (1 Tasse oder 1 Teller) Hühner- oder Fleischbrühe mit 1 Ei als Einlage	1 Tasse Nudelsuppe (Fertigprodukt)	**Suppen**
1 Tasse Tomatensuppe (Fertigprodukt), dazu 1 Kräcker	1 Tasse Blumenkohlsuppe (Fertigprodukt)	

Vier-Wochen-Speiseplan

Der Vier-Wochen-Speiseplan

Die folgende Rezeptauswahl wurde so zusammengestellt, dass der tägliche Speiseplan 1 000 Kilokalorien umfasst. Sie können nach eigenem Geschmack Ihren Plan aufstellen.

		Montag *Woche 1.*
Frühstück (200 kcal)	Kiwi-Müsli mit Sprossen (S. 37)	
Hauptgericht (400 kcal)	Brühkartoffeln mit Rindfleisch u. Tomaten (S. 48)	
Kleine Gerichte (200 kcal)	Kartoffelsuppe mit Sauerkraut (S. 82)	
Imbiss (je 100 kcal)	250 g Erdbeeren (S. 117), 1 Tasse (250 ml) Hühnerbrühe mit Ei-Einlage (S. 117)	

		Dienstag
Frühstück (200 kcal)	Corn-Flakes mit Milch und Obst (S. 39)	
Hauptgericht (400 kcal)	Kartoffelcreme mit Mandeln (S. 60)	
Kleine Gerichte (200 kcal)	Kartoffelsuppe mit Pesto (S. 82)	
Imbiss (je 100 kcal)	Knäckebrot mit Mandeln (S. 109), 1 Glas Magermilch-Joghurt mit Süßstoff und 125 g Erdbeeren (S. 117)	

		Mittwoch
Frühstück (200 kcal)	Gemüse-Burger mit Käse (S. 25)	
Hauptgericht (400 kcal)	Tortilla (S. 59)	
Kleine Gerichte (200 kcal)	Schwäbischer Kartoffelsalat (S. 92)	
Imbiss (je 100 kcal)	Ei mit Senfschaum (S. 110), 1 Tasse Tomaten-suppe, Fertigprodukt (S. 117)	

		Donnerstag
Frühstück (200 kcal)	Fertigmüsli für Eilige (S. 38)	
Hauptgericht (400 kcal)	Hamburger Pfannfisch (S. 56)	
Kleine Gerichte (200 kcal)	Kartoffel-Lauch-Suppe (S. 83)	
Imbiss (je 100 kcal)	Gefüllte Tomate mit Fleischsalat (S. 112), 1 Glas (200 ml) Orangensaft (S. 117)	

Freitag	Frühstück (200 kcal)	Schinken-Paprika-Schnitte (S. 26)
	Hauptgericht (400 kcal)	Himmel und Erde (S. 56)
	Kleine Gerichte (200 kcal)	Kartoffel-Gurken-Salat mit Tomate (S. 94)
	Imbiss (je 100 kcal)	Kalte Möhrensuppe mit Joghurt (S. 114), 500 g Tomaten, 1 mittelgroße Banane, 150 g (S. 117)
Samstag	Frühstück (200 kcal)	Sommer-Müsli (S. 39)
	Hauptgericht (400 kcal)	Kartoffelgratin (S. 54)
	Kleine Gerichte (200 kcal)	Kartoffelsuppe mit Krabben (S. 86)
	Imbiss (je 100 kcal)	Schinkenpflaumen (S. 110), 1 Glas (150 ml) Rotwein (S. 117)
Sonntag	Frühstück (200 kcal)	Kräuter-Tomaten-Rührei mit Knäckebrot (S. 27)
	Hauptgericht (400 kcal)	Kartoffelwürfel auf Chicoréeblättern (S. 52)
	Kleine Gerichte (200 kcal)	Kartoffel-Bohnen-Salat (S. 92)
	Imbiss (je 100 kcal)	Blattsalat mit Dickmilchsauce (S. 112), Grüntee-Molke-Drink (S. 116)
Woche **2.** **Montag**	Frühstück (200 kcal)	Kerniges Apfel-Müsli (S. 37)
	Hauptgericht (400 kcal)	Sesamkartoffeln (S. 48)
	Imbiss (je 100 kcal)	1 Tasse Tomatensuppe, 1 Kräcker (S. 117), 2 kleine Äpfel (S. 117)
	Kleine Gerichte (200 kcal)	Kartoffel-Champignon-Suppe (S. 86)
Dienstag	Frühstück (200 kcal)	Herbst-Früchte-Müsli (S. 40)
	Hauptgericht (400 kcal)	Kartoffel-Kräuter-Püree (S. 60)
	Imbiss (je 100 kcal)	Erdbeer-Molke-Drink (S. 116), 3 grüne Gurken (S. 117)
	Kleine Gerichte (200 kcal)	Kartoffel-Lauch-Suppe (S. 83)

Frühstück (200 kcal)	Vollkornbrot mit Honig und Früchten (S. 27)	**Mittwoch**
Hauptgericht (400 kcal)	Kartoffeln mit Oreganokruste (S. 61)	
Imbiss (je 100 kcal)	Pikante Melonensuppe (S. 111), 1 Tasse Blumenkohlsuppe (S. 117)	
Kleine Gerichte (200 kcal)	Kartoffelsalat mit Lachsschinken (S. 95)	

Frühstück (200 kcal)	Flocken-Müsli (S. 40)	**Donnerstag**
Hauptgericht (400 kcal)	Rosmarinkartoffeln (S. 62)	
Imbiss (je 100 kcal)	Knabbergemüse mit Kräuterkäse-Dip (S. 109), Gurken-Drink mit Kresse (S. 114)	
Kleine Gerichte (200 kcal)	Kartoffelsuppe mit Pesto (S. 82)	

Frühstück (200 kcal)	Brötchen mit geräucherter Putenbrust (S. 28)	**Freitag**
Hauptgericht (400 kcal)	Kartoffel-Kürbis-Eintopf (S. 47)	
Imbiss (je 100 kcal)	Himbeerkaltschale (S. 111), 250 g frische Himbeeren (S. 117)	
Kleine Gerichte (200 kcal)	Kartoffel-Gurken-Salat mit Tomate (S. 94)	

Frühstück (200 kcal)	Molke-Müsli mit Apfelkompott (S. 42)	**Samstag**
Hauptgericht (400 kcal)	Gefüllte Ofenkartoffel (S. 50)	
Imbiss (je 100 kcal)	1 Becher Magermilch-Joghurt mit 1 EL Apfelmus (S. 117), 1 Tasse Nudelsuppe, Fertigprodukt (S. 117)	
Kleine Gerichte (200 kcal)	Kartoffelsuppe mit Krabben (S. 86)	

Frühstück (200 kcal)	Sesamknäcke mit Banane (S. 28)	**Sonntag**
Hauptgericht (400 kcal)	Zitronenhähnchen mit Kartoffeln (S. 62)	
Imbiss (je 100 kcal)	Kalte Möhrensuppe mit Joghurt (S. 114), 2 mittelgroße Grapefruit, 500 g (S. 117)	
Kleine Gerichte (200 kcal)	Kartoffelsalat mit Rucola-Dressing (S. 96)	

Woche 3.

Montag	Frühstück (200 kcal)	Flocken-Müsli (S. 40)
	Hauptgericht (400 kcal)	Rotweinkartoffeln (S. 50)
	Imbiss (je 100 kcal)	1 mittelgroße Banane (S. 117)
	Kleine Gerichte (300 kcal)	Grüne Kartoffelsuppe mit Apfel (S. 85)
Dienstag	Frühstück (200 kcal)	Aprikosen-Porridge (S. 42)
	Hauptgericht (400 kcal)	Kartoffelburger (S. 70)
	Imbiss (je 100 kcal)	Ei mit Senfschaum (S. 110)
	Kleine Gerichte (300 kcal)	Kartoffel-Weißkohl-Salat (S. 98)
Mittwoch	Frühstück (200 kcal)	Vitality-Brötchen (S. 30)
	Hauptgericht (400 kcal)	Gedünsteter Fisch mit Gemüsesauce und Pellkartoffeln (S. 71)
	Imbiss (je 100 kcal)	1 Becher Magermilch-Joghurt mit Süßstoff und 1 Orange (S. 117)
	Kleine Gerichte (300 kcal)	Kartoffel-Gurken-Suppe (S. 81)
Donnerstag	Frühstück (200 kcal)	Konzentrations-Müsli (S. 43)
	Hauptgericht (400 kcal)	Kartoffeln mit Linsengemüse (S. 75)
	Imbiss (je 100 kcal)	1 Tasse Blumenkohlsuppe (S. 117)
	Kleine Gerichte (300 kcal)	Kartoffelsalat mit Sauerkraut (S. 99)
Freitag	Frühstück (200 kcal)	Hüttenkäse mit Paprika (S. 30)
	Hauptgericht (400 kcal)	Zanderfilet mit Kartoffelkruste (S. 72)
	Imbiss (je 100 kcal)	Erdbeer-Molke-Drink (S. 116)
	Kleine Gerichte (300 kcal)	Kartoffel-Käse-Suppe mit Lauch (S. 88)
Samstag	Frühstück (200 kcal)	Buttermilch-Mandarinen-Müsli (S. 44)
	Hauptgericht (400 kcal)	Bratkartoffeln, Spinat und Ei (S. 76)
	Imbiss (je 100 kcal)	500 g Spargel, gekocht (S. 117)
	Kleine Gerichte (300 kcal)	Kartoffelsalat mit Gurke und Ei (S. 100)

Frühstück (200 kcal)	Vollkornbrot mit Lachsschinken (S. 32)	**Sonntag**
Hauptgericht (400 kcal)	Baked Potaoes mit Quark und Kaviar (S. 49)	
Imbiss (100 kcal)	2 Kohlrabi, 500 g (S. 117)	
Kleine Gerichte (300 kcal)	Kartoffel-Curry-Suppe (S. 84)	

Frühstück (200 kcal)	Corn-Flakes mit Milch und Früchten (S. 39)	**Montag**
Hauptgericht (400 kcal)	Béchamelkartoffeln (S. 54)	*Woche*
Imbiss (100 kcal)	1 Glas (200 ml) Orangensaft (S. 117)	**4.**
Kleine Gerichte (300 kcal)	Holsteiner Kartoffelsuppe (S. 90)	

Frühstück (200 kcal)	Himbeer-Müsli (S. 44)	**Dienstag**
Hauptgericht (400 kcal)	Kräuterkartoffeln mit grünen Bohnen und Matjes (S. 70)	
Imbiss (100 kcal)	Knäckebrot mit Mandeln (S. 109)	
Kleine Gerichte (300 kcal)	Kartoffel-Pfifferling-Suppe (S. 87)	

Frühstück (200 kcal)	Käse-Birnen-Baguette (S. 32)	**Mittwoch**
Hauptgericht (400 kcal)	Gnocchi mit Pesto alla Siciliana (S. 68)	
Imbiss (100 kcal)	Schinkenpflaumen (S. 110)	
Kleine Gerichte (300 kcal)	Kartoffelsalat mit Gurke und Ei (S. 100)	

Frühstück (200 kcal)	Joghurt-Müsli (S. 45)	**Donnerstag**
Hauptgericht (400 kcal)	Tomaten-Käse-Knödel (S. 66)	
Imbiss (100 kcal)	Pikante Melonensuppe (S. 111)	
Kleine Gerichte (300 kcal)	Kartoffel-Curry-Suppe (S. 84)	

Frühstück (200 kcal)	Gurken-Quark-Brot (S. 33)	**Freitag**
Hauptgericht (400 kcal)	Kartoffelpuffer (S. 67)	
Imbiss (100 kcal)	Gurken-Drink mit Kresse (S. 114)	
Kleine Gerichte (300 kcal)	Kartoffelsalat mit Spargel (S. 100)	

Samstag	Frühstück (200 kcal)	Frischkorn-Müsli (S. 45)
	Hauptgericht (400 kcal)	Käse-Kartoffel-Klöße mit Paprikasauce (S. 65)
	Imbiss (100 kcal)	Erdbeer-Molke-Drink (S. 116)
	Kleine Gerichte (300 kcal)	Kartoffel-Bohnen-Suppe (S. 90)
Sonntag	Frühstück (200 kcal)	Knäckebrot mit Pesto-Schinken (S. 33)
	Hauptgericht (400 kcal)	Scampi-Spieße auf Kartoffel-Dill-Püree (S. 64)
	Imbiss (100 kcal)	1 Becher Magermilch-Joghurt und 125 g Himbeeren (S. 117)
	Kleine Gerichte (300 kcal)	Kartoffelsalat mit Rucola und Mozzarella (S. 102)

Rezeptregister

Die Autorin

Karin Iden, diplomierte Diätassistentin, war im Nestlé-Konzern für Verbraucherfragen zuständig und leitete danach das Kochstudio der Zeitschrift »Menü von A–Z«. Seit 20 Jahren arbeitet sie als freiberufliche Food-Journalistin und Autorin für Zeitschriften und Bücher. Sie lebt in Hamburg und ist Mitglied des Food Editors Club Deutschland (FECD).

Bibliografische Information der Deutschen Bibliothek
Die Deutsche Bibliothek verzeichnet diese Publikation in der Deutschen Nationalbibliografie; detaillierte bibliografische Daten sind im Internet über http://dnb.ddb.de abrufbar.

Wichtiger Hinweis
Die im Buch veröffentlichten Ratschläge wurden mit größter Sorgfalt von Verfassern und Verlag erarbeitet und geprüft. Eine Garantie kann jedoch nicht übernommen werden. Ebenso ist eine Haftung der Verfasser bzw. des Verlages und seiner Beauftragten für Personen-, Sach- oder Vermögensschäden ausgeschlossen.

Bildnachweis
Umschlagfoto: StockFood/Gaby Bohle
Fotos: Auli/MAURIMIT Seite 4; Unilever-Bestfoods Seiten 55, 58, 80, 84, 89, 92, 97; Biskin Öl Seite 51; Buitoni Seite 69; CMA Fotoservice Seiten 3, 24, 41, 46, 115; Du darfst Seiten 31, 108, 113; FIZ Seite 73; Ketchum Zespri Gold Seite 36; Kraft Foods Seiten 101, 118; Maggi Kochstudio Seite 79; Peter Kölln KgaA, Köllnflockenwerke Seite 43; RAMA Seiten 29, 63, 67; StockFood/Michael Grant Seite 12.

© 2003 Knaur Ratgeber Verlage.
Ein Unternehmen der Droemerschen Verlagsanstalt Th. Knaur Nachf. GmbH & Co., München.
Alle Rechte vorbehalten

Projektleitung: Kathrin Gritschneder
Redaktion: Gertje Sckopp-Witte
Herstellung und Satz: Jörg Alt
Umschlag: Daniela Meyer
Reproduktion: Repro Ludwig, Zell am See
Druck und Bindung: Appl, Wemding
Printed in Germany

ISBN 3–426-66865-3

Gedruckt auf elementar chlorfrei gebleichtem Papier.